对答如流

谢 普 ◎ 编著

中华工商联合出版社

图书在版编目（CIP）数据

对答如流 / 谢普编著. -- 北京：中华工商联合出版社, 2025. 6. -- ISBN 978-7-5158-4310-0

Ⅰ. C912.11-49

中国国家版本馆 CIP 数据核字第 2025W7N384 号

对答如流

编　　著：谢　普
出 品 人：刘　刚
责任编辑：吴建新
装帧设计：韩月朝
责任审读：付德华
责任印制：陈德松
出版发行：中华工商联合出版社有限责任公司
印　　刷：三河市宏盛印务有限公司
版　　次：2025 年 6 月第 1 版
印　　次：2025 年 6 月第 1 次印刷
开　　本：880mm×1230 mm　1/32
字　　数：110 千字
印　　张：6
书　　号：ISBN 978-7-5158-4310-0
定　　价：39.80 元

服务热线：010-58301130-0（前台）
销售热线：010-58302977（网店部）
　　　　　010-58302166（门店部）
　　　　　010-58302837（馆配部、新媒体部）
　　　　　010-58302813（团购部）
地址邮编：北京市西城区西环广场 A 座
　　　　　19-20 层，100044
　　　　　http://www.chgslcbs.cn
投稿热线：010-58302907（总编室）
投稿邮箱：1621239583@qq.com

工商联版图书
版权所有　盗版必究

凡本社图书出现印装质量问题，
请与印务部联系。

联系电话：010-58302915

"一句话能把人说得笑,一句话也能把人说得跳。"同样是说话,为什么会有如此大的区别呢?这其中的关键就在于前者在沟通谈话时懂得运用技巧,把话说到别人的心窝里,从而成功地赢得了人们的信任和喜爱,而后者却不懂得在沟通中运用技巧,导致沟通不得体而失去人心。

沟通,作为人类社会交往的基石,承载着传递信息、增进理解、构建信任等多重使命。无论是在个人生活还是在职场领域中,沟通都发挥着不可或缺的作用。然而,在沟通的海洋中航行,我们不仅需要掌握沟通技巧的舵,更需要明确沟通尺度的锚。因为沟通有尺度,适度的沟通能够带来和谐与理解,而越界的沟通则可能引发误解与冲突。

本书旨在探讨沟通的艺术与智慧,帮助读者在沟通的过程中把握适当的尺度,避免沟通中的陷阱与误区。我们生活在一个信息爆炸的时代,每天都需要处理大量的信息输入与输出,如何在这个纷繁复杂的世界中保持沟通的清晰与有效,是每个人都必须面对的挑战。本书通过深入浅出的方式,结合丰富的案例与理论，帮助读者理解沟通尺度的内涵与外延，掌握沟通的艺术。

在本书的编写过程中，我们参考了国内外众多关于沟通学、心理学、社会学等领域的经典著作与最新研究成果，力求为读者提供一个全面、系统的沟通体系。同时，我们也结合了现实生活中的具体情境，通过问答的方式，让读者能够更直观地理解沟通尺度的应用与实践。

编写此书时，我们力求保持客观、中立的态度，同时注重理论与实践的结合。我们希望通过本书，能够帮助读者更好地理解沟通的精髓，掌握沟通的艺术与智慧，从而在实际生活中更好地运用沟通技巧，提升沟通效果，促进人际关系的和谐与发展。

最后，感谢所有为本书编写提供支持与帮助的同仁与朋友，感谢读者对本书的信任与支持。我们期待本书能够成为您沟通之旅中的一盏明灯，照亮您前行的道路。

第一章　万事开头难，与陌生人交谈的艺术

一见如故的感觉就在开口之间 / 2

邻座的你，想聊聊吗 / 6

陌生人也能畅所欲言 / 13

巧妙三步，让你轻松结交陌生人 / 23

第二章　让你和别人都舒适，聊天中不能不会的场面话

让人轻松的场面话 / 30

不同场合，多种应对 / 38

两性之间也要会说话 / 58

这样说孩子更爱听 / 68

游刃有余，让你不"尬聊"的超级聊天术 / 74

第三章　笑融僵局，用幽默化解聊天之冰

即兴聊天，幽默捧场 / 82

幽默热身，消除冷状态 / 91

掌握幽默沟通黄金法则，让你的人际关系更融洽 / 98

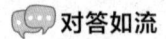 对答如流

第四章 展示优势，你的魅力是让人无法拒绝的说服力

展示自己的优势 / 104

善意的交谈让你更容易被人接受 / 112

掌握三招，让你的魅力无人阻挡 / 120

第五章 人人都爱被夸，赞美是开启聊天的万能钥匙

夸人要夸在点子上 / 128

赞美要具体 / 132

不同职业，不同夸法 / 136

让赞美的话自然流露的法宝 / 149

第六章 开口让人爱听，销售如何说顾客才会听

不同对象，不同推销方法 / 156

在不同行业，销售有话说 / 167

三步三法，巧妙为你的销售加分 / 181

CHAPTER 1

第一章

万事开头难，与陌生人交谈的艺术

一见如故的感觉就在开口之间

当你接待贵宾,想给对方留下深刻印象时

✗ 一般的沟通

◎ 袁教授,您肯定不常来上海,这几天我带您到几个著名的景点去逛逛,让您看看上海的新面貌……

◎ 不必了,我就是上海人,当初我在上海的时候你还没出生呢。

✓ 高情商沟通

◎ 袁教授,您去过不少地方,见多识广,哪个城市给您留下的印象最深刻呢?不知道您对上海的评价怎样?您一路辛苦了,这几天的活动就交给我来安排吧……

◎ 我对上海的印象很好,我就是上海人,那这几天的行程就交给你了。

同一个陌生人相遇，需要拉进彼此关系时

⊗ 一般的沟通

◎ 你以前是干什么的？
◎ 我当过兵。

✓ 高情商沟通

◎ 你在部队待过吧？
◎ 嗯，待了六七年。
◎ 看来咱俩还算是战友呢。你当兵时部队在哪里？

当你想和陌生人展开深度对话时

⊗ 一般的沟通

◎ 你好，你是哪里人啊？
◎ 我来自北京。

✓ 高情商沟通

◎ 你好，我注意到你手上戴的这个手链很特别，是在哪里买的呀？
◎ 哦，这个是在云南旅游时买的。

对答如流

◎ 云南，那是一个非常美丽的地方。我一直想去，但一直没能去成。这个手链是云南的特色手工艺品吗？

◎ 是的，那里的手工艺品非常精致。

◎ 那下次有机会我一定要去一趟。你对云南有什么特别的印象或建议吗？

与初次见面的一位女工寒暄时

☒ 一般的沟通

◎ 您好！很高兴见到您！

◎ 您好！很高兴见到您！

☑ 高情商沟通

◎ 您好！您佩戴的这个耳坠很少见，非常特别。

◎ 是吧！这是我先生从布达拉宫专门带回来的。

在寒冷的冬天，两个陌生人初次见面时

☒ 一般的沟通

◎ 今天好冷啊。

◎ 是啊。

✅ **高情商沟通**

◎ 今晚好冷！像我这种南方人，尽管在这里住了几年，但对这种天气还是难以适应，你感觉怎么样？

◎ 是啊，我父母虽然是北方人，但我也是从小在南方长大的，在这里也有些不适应。

◎ 你也是南方的？你是南方哪儿的？

◎ 我是南方……

在社交场合，你想和陌生人成为朋友时

❌ **一般的沟通**

◎ 你是哪里人？

◎ 我是东北的。

✅ **高情商沟通**

◎ 你的口音听起来很亲切，是不是东北的？

◎ 是的，我来自东北。

◎ 我一直对东北的文化很感兴趣，能和你聊聊那里的风土人情吗？

◎ 当然可以啊，东北的风景和人文都非常有特色……

邻座的你，想聊聊吗

在餐厅里，你想和邻座的人相识时

✗ 一般的沟通

◎ 你点的这道菜好吃吗？

◎ 还可以。

✓ 高情商沟通

◎ 看您点的这道鱼香肉丝颜色真漂亮，不知道口感如何？我对餐厅的菜品选择总是有些拿不定主意，您有没有什么推荐的？

◎ 其实这道宫保鸡丁味道也不错，如果你喜欢鲜美的口感，我推荐你试试那道清蒸鱼。

◎ 听起来不错，谢谢您的建议。

在餐厅里，你希望和邻桌的客人聊聊美食和烹饪技巧时

[✗] 一般的沟通

◎ 你喜欢吃这道菜吗？

◎ 还可以。

[✓] 高情商沟通

◎ 看到您对这道菜如此投入，想必是个美食爱好者。有没有什么特别的烹饪技巧或者食材搭配，可以让这道菜更加美味？

◎ 其实，我觉得这道菜如果再加上一些紫苏味道会更好。

◎ 您的建议很有创意，我也一直在尝试不同的烹饪方法来提升菜肴的口感。非常感谢您的分享。

在咖啡馆里，你希望和坐在旁边的人聊聊关于咖啡的话题时

[✗] 一般的沟通

◎ 你喜欢喝咖啡吗？

◎ 还好，偶尔会喝。

> 对答如流

✓ **高情商沟通**

◎ 看到您点了这杯咖啡，想必您对咖啡有一定的品味。您喜欢哪种类型的咖啡？有没有尝试过一些特别的咖啡做法？

◎ 我喜欢拿铁，偶尔也会尝试一些冷萃或者手冲咖啡。

◎ 拿铁确实很经典，我也很喜欢。冷萃和手冲咖啡都有独特的口感，您更喜欢哪一种呢？

◎ 我更喜欢手冲。

在咖啡店里，你希望和邻桌的客人聊聊关于咖啡烘焙的技巧时

✗ **一般的沟通**

◎ 你对咖啡烘焙了解吗？

◎ 了解一些。

✓ **高情商沟通**

◎ 看到您品尝咖啡时神情非常专注，我猜您对咖啡烘焙应该有一定的了解。能分享一下您喜欢的咖啡烘焙程度以及它对口感的影响吗？

◎ 我其实是个咖啡烘焙爱好者，喜欢中度烘焙的咖啡，因为它能保留咖啡豆的原始风味。

· 8 ·

◎ 中度烘焙确实是个不错的选择，既能保留咖啡豆的香气，又能避免过度烘焙带来的苦涩。您有没有尝试过自己在家烘焙咖啡豆呢？

◎ 试过，但效果不太好。

在酒吧里，你希望和邻桌陌生人聊聊音乐和艺术的话题时

✗ 一般的沟通

◎ 你喜欢听什么音乐？

◎ 什么都听。

✓ 高情商沟通

◎ 这里的音乐氛围真不错，看来你对音乐和艺术都有一定的品味。有没有什么最近让你特别喜欢的乐队或艺术家？

◎ 其实我对古典音乐比较感兴趣，最近听了一些贝多芬的作品。

◎ 贝多芬的作品确实很经典，我也很喜欢。你对古典音乐有什么特别的见解或者有喜欢的作曲家吗？

◎ 这方面，我倒是没有什么深入的研究。

对答如流

在图书馆里，你希望和旁边的读者聊聊正在阅读的书籍时

✗ 一般的沟通

◎ 你看的是什么书？

◎ 一本小说。

✓ 高情商沟通

◎ 看到您正在专注地阅读，想必这本书一定很吸引人。能告诉我书名吗？我也许会对它感兴趣。

◎ 这是《百年孤独》，一本非常经典的小说。

◎ 哦，我也听说过这本书，但还没来得及阅读。您能简单分享一下对这本书的感受吗？

在图书馆里，你希望和一个看起来喜欢阅读的人交流时

✗ 一般的沟通

◎ 你看的是什么书？

◎ 没什么，就是随便翻翻。

> ✓ **高情商沟通**

◎ 看到你这么专注地阅读,想必这本书一定很吸引人。能告诉我书名吗?我也对这类书籍很感兴趣。

◎ 这本书叫《思考,快与慢》,是关于人类思维方式的。

◎ 听起来很有深度,我一直对思维方式和心理学很感兴趣。这本书有什么特别吸引你的地方吗?

在电影院外,你希望和旁边的人聊聊刚刚看过的电影时

> ✗ **一般的沟通**

◎ 你刚看的那部电影怎么样?

◎ 还不错。

> ✓ **高情商沟通**

◎ 刚刚那部电影真的很引人入胜,我看得津津有味。你对这部电影有什么特别的感受或者喜欢的角色吗?

◎ 我觉得剧情很紧凑,主角的演技也很出色。

◎ 确实,好的剧情和演员的出色表演是电影成功的关键。你还有其他推荐的影片吗?

◎ 你可以去看看××××,这部电影也很好看。

💬 对答如流

在火车上，你想和邻座的人聊聊旅行的话题时

✗ 一般的沟通

◎ 你是去旅游吗？

◎ 嗯，去北京逛逛。

✓ 高情商沟通

◎ 看到您拿着行李，是不是要去旅行呀？北京是个很有历史和文化底蕴的城市，您最期待参观哪个景点呢？

◎ 我确实是去北京旅游的，最想去看看故宫和长城。

◎ 那太棒了，故宫和长城都是国内的标志性景点。您之前去过其他城市旅游吗？有什么难忘的经历吗？

陌生人也能畅所欲言

在电梯里，遇到一位不太熟悉的同事时

⊗ 一般的沟通

◎ 嗨，你好。

◎ 嗯，你好。

✓ 高情商沟通

◎ 嗨，最近工作怎么样？看起来你很忙碌啊。

◎ 是的，最近项目比较紧张，不过还好。

◎ 加油，如果需要帮忙，尽管告诉我。

对答如流

在电梯里,你希望和同楼的邻居聊聊最近的社区活动时

✗ 一般的沟通

◎ 最近社区有什么活动吗?
◎ 不太清楚。

✓ 高情商沟通

◎ 最近我们社区好像很热闹,经常举办各种活动。你有没有听说过或者参加过什么有趣的社区活动?
◎ 最近社区组织了一次植树活动,我参加了。
◎ 太棒了,植树活动既环保又有意义。我也想参加这样的社区活动,如果下次再有这样的活动能叫上我吗?
◎ 可以的,没问题。

在书店里,你希望和店员聊聊最近的畅销书时

✗ 一般的沟通

◎ 最近的畅销书是什么?
◎ 这本小说很畅销。

☑ **高情商沟通**

◎ 看到这本小说在畅销书排行榜上名列前茅,一定有很多读者喜欢。你能给我介绍一下它的主要内容吗?

◎ 这本书讲述了一个关于爱与成长的故事,情节很吸引人。

◎ 听起来很不错,我对这种题材一直很感兴趣。还有其他类似的畅销书推荐吗?

在书店里,你希望与正在翻阅同一本书的陌生人分享感受时

☒ **一般的沟通**

◎ 你也喜欢这本书吗?

◎ 嗯,刚开始看。

☑ **高情商沟通**

◎ 我看到您也在翻阅这本书,想必也是被这本书的主题或作者所吸引。您目前读到哪个章节了?有什么特别的感受吗?

◎ 我刚看到第三章,觉得作者的观点很新颖,你呢?

◎ 我也是,尤其是他提到的第二章那个案例,让我有了新的思考。看来我们都是这本书的忠实读者呢。

> 对答如流

在书店的签售会上,你希望和作者聊聊他的写作灵感时

⊗ 一般的沟通

◎ 你的书写得真好,灵感来自哪里?

◎ 谢谢,灵感来自生活。

✓ 高情商沟通

◎ 我非常喜欢您的作品,觉得您的写作风格非常独特。能分享一下您的写作灵感主要来源于哪里吗?是不是有什么特别的故事或者经历影响了您的创作?

◎ 非常感谢你的赞赏。其实我的写作灵感主要来源于日常生活中的点滴细节和与周围人的交流。有时候一些小事或者与朋友间的对话就能激发我的创作灵感。

◎ 原来如此,这也让我对写作有了更多的思考。您的作品不仅让我享受到了阅读的乐趣,还让我对生活有了更多的思考,期待您未来的作品能继续带给我们更多的惊喜。

在公园散步时，你希望和旁边的陌生人聊聊自然和环保的话题时

⊗ 一般的沟通

◎ 你喜欢来公园散步吗？
◎ 是啊，空气好。

✓ 高情商沟通

◎ 看到您经常来公园散步，肯定很享受这里的自然环境。您有没有注意过公园里的生态保护情况呢？有没有一些措施让您觉得做得很好或者有待改善的地方？
◎ 我确实很喜欢这里的环境，最近公园在垃圾分类方面就做得很好。
◎ 没错，大家的环保意识越来越强了。希望大家都能像您这样珍惜自然环境，共同守护我们的地球。

在公园里和孩子玩耍时，你希望和旁边的家长聊聊育儿经验时

⊗ 一般的沟通

◎ 你家孩子多大了？

对答如流

◎ 两岁了。

✓ 高情商沟通

◎ 看到你家孩子在公园里玩得这么开心，一定是个活泼可爱的小家伙。你在育儿方面，有没有什么特别的经验或者挑战让你觉得值得分享？

◎ 其实，我们最近正在尝试一些新的教育方法，比如……

◎ 太好了，我也一直在寻找更好的育儿方法。非常感谢你的分享，我从中学到了一些新的方法。

在超市购物时，你希望和旁边的陌生人聊聊最近的热点话题时

✗ 一般的沟通

◎ 你听说过最近的那个新闻吗？

◎ 哪个新闻？

✓ 高情商沟通

◎ 最近有个大家都很关注的新闻，说的是……你对这个话题有什么看法吗？

◎ 哦，我也听说了，我觉得……

◎ 看来我们对这个话题都有兴趣，不如一起探讨一下？

在健身房里，你希望和旁边的健身者聊聊健身的经验和技巧时

☒ 一般的沟通

◎ 你常来健身吗？

◎ 嗯，每周都来。

✓ 高情商沟通

◎ 看到您每次都在认真锻炼，想必在健身方面有很多经验和技巧。能分享一些您认为最有效的健身方法吗？

◎ 我其实也还在摸索中，但最近我发现……这个方法对我很有效。

◎ 太好了，我也一直在寻找更有效的健身方法，非常感谢您的分享。

在公交车上，你希望和旁边的乘客聊聊当地的旅游景点时

☒ 一般的沟通

◎ 你去过我们当地的旅游景点吗？

◎ 没去过。

对答如流

✅ **高情商沟通**

◎ 看您的样子像是外地人，是来我们这里旅游的吗？其实我们这里有很多值得一去的景点。

◎ 其实我是来出差的，但听说这里的风景不错，也想顺便逛逛。

◎ 那太好了，我可以给您推荐一些值得一去的景点，还有当地的美食和特色文化，希望能让您的出差之旅更加丰富多彩。

在公交车上，你希望和一个带着孩子的母亲聊天时

❌ **一般的沟通**

◎ 你的孩子真可爱。

◎ 谢谢。

✅ **高情商沟通**

◎ 看到你和孩子这么开心，您一定是个幸福的妈妈。你的孩子看起来非常聪明可爱，你们一定经常一起出来吧？

◎ 是的，我们经常一起出去玩。

◎ 带孩子出门真是一件既辛苦又幸福的事情。你有没有什么特别喜欢的亲子活动或者旅游景点呢？

在理发店里,你希望和理发师聊聊最近的流行趋势时

⊗ 一般的沟通

◎ 最近流行什么发型?

◎ 短发比较流行。

✓ 高情商沟通

◎ 我一直对发型的选择有些纠结,不知道最近流行什么发型。您能给我一些建议吗?我想听听您的专业意见。

◎ 其实最近短发和层次感强的发型都比较流行,我可以根据您的脸型和发质给您一些建议。

◎ 太好了,我一直很信任您的专业眼光。期待您能为我设计一款既时尚又适合我的发型。

在博物馆里,你希望和旁边的参观者聊聊展览的主题和展品时

⊗ 一般的沟通

◎ 你觉得这个展览怎么样?

◎ 还可以。

对答如流

> ✓ **高情商沟通**

◎ 看到您观看展览时如此专注,我猜您一定对展览的主题和展品有比较深入的了解。能和我分享一下您对这个展览的看法吗?有没有哪个展品给您留下了深刻的印象?

◎ 我对这个展览的古代文物特别感兴趣,它们展示了古人的智慧和古代文明的魅力。

◎ 没错,古代文物确实是我们了解历史和文化的重要窗口。您有没有觉得这些展品背后隐藏着许多引人入胜的故事和传说?

◎ 确实如此,我也发现了。

巧妙三步，让你轻松结交陌生人

结交陌生人，对于许多人来说，可能是一个既令人兴奋又充满挑战的任务。毕竟，要与一个我们之前一无所知的人建立联系，并找到一种舒适的互动方式，这确实需要一些技巧和方法。然而，通过以下三个简单而有效的步骤，你可以轻松地将陌生人转化为新朋友。

第一步，以友好和开放的态度攀亲认友

在接触陌生人的初步阶段，我们首先需要打破沉默和陌生感。这时，一个友好和开放的态度是至关重要的。当你遇到一个新面孔时，要主动向对方表达问候，并尝试展开对话。你可以从简单的问候开始，如"你好，你是第一次参加这个活动吗"或者"你好，请问这个地方好找吗"。这样，你就已经迈出了结交陌生人的第一步。

对答如流

随着对话的深入,你应当保持真诚和耐心,尽量去理解对方的观点和感受。避免过于以自我为中心或者只关注自己的话题,而是努力找到共同的兴趣点或者话题,让对话更加自然流畅。

同时,也要注意接收对方的反馈和反应,不要只是一味地表达自己的意见和想法。当你发现对方对你的话题不感兴趣或者表现出疲惫的态度时,可以适时地转换话题或者提出一些问题,以激发对方的兴趣和好奇心。

在结交陌生人的过程中,还需要遵守一些基本的社交礼仪和规矩。例如,要尊重对方的隐私和个人空间,不要问一些过于私人或者敏感的问题。同时,也要注意自己的言行举止,不要过于张扬或者过于低调,保持适度的谦虚和自信。

要记住,结交陌生人需要时间和耐心,不要轻易放弃,也不要急于求成。通过不断地尝试和努力,你会逐渐发现结交新朋友的乐趣和价值,也会不断扩大自己的人脉和社交圈子。

第二步,深入交谈,发现共同点

与陌生人建立了初步的联系后,下一步就是深入挖掘彼此的共同点。通过询问对方的兴趣爱好、工作经历、家庭背景等,你可以逐渐发现你们之间的相似之处。这些共同点将成为你们之间友谊的桥梁,使你们更容易建立更密切的关系。同时,在交谈过程中,也要记得保持耐心和尊重,不要急于打断对方或强行推销自己的观点。

挖掘共同点，就如同在广阔的大海中寻找相同的岛屿，这些共同点是你与他人之间的连接点，是你们相互理解、信任和亲近的基础。兴趣爱好是一种很好的切入点。你可以询问对方喜欢做什么，对什么感兴趣。如果对方喜欢阅读，你可以分享你最近读过的好书；如果对方喜欢旅行，你可以谈论你曾经去过的地方。通过分享自己的经历和感受，你不仅能让对方感到被尊重和理解，还能激发对方分享自己的故事。

工作经历同样是一个重要的共同点。你可以询问对方的工作情况，了解他们的职业背景、工作内容和成就。在这个过程中，你不仅可以了解对方的专业技能和经验，还能发现你们在工作态度和价值观上的相似之处。这些相似之处可能会成为你们未来合作的基础。

家庭背景也是一个不可忽视的共同点。你可以询问对方的家庭情况，了解他们的家庭成员、成长环境等。家庭背景对一个人的性格和价值观有着深远的影响，通过了解对方的家庭背景，你可以更好地理解他们的行为和思维方式。

在挖掘共同点的过程中，耐心和尊重是非常重要的。不要急于打断对方或强行推销自己的观点。每个人都有自己的故事和经历，他们需要被倾听和理解。通过耐心倾听和尊重对方的观点，你不仅能建立起更好的人际关系，还能学到很多有价值的东西。

深入挖掘共同点是建立持久友谊或合作关系的关键。通过了解对方的兴趣爱好、工作经历和家庭背景等，你可以逐渐发现你们之间的相似之处，从而建立起更加紧密的联系。同时，保持耐心和尊重也是非常重要的，它们能让你的交往更加顺畅和愉快。

第三步，真诚赞美，巩固友谊

当你发现对方的某个优点或特长时，不妨大方地表达出来。真诚的赞美不仅能让对方感觉受到尊重，还能进一步巩固你们之间的友谊。你可以赞美对方的衣着品位、工作能力、性格魅力等。但需要注意的是，赞美要真诚、适度，不要过于夸张或做作，以免让对方感到尴尬或不舒服。

而且，赞美对方并不只是说说而已，更要在行动上体现出来。比如，如果对方在工作上表现出色，你可以主动向领导推荐他（她），为他（她）争取更多的机会；如果对方有一个特别的爱好或特长，你可以邀请他（她）一起参加相关的活动，让他（她）感受到你的支持和鼓励。

此外，赞美对方的同时，也要尊重对方的个性和差异。每个人都有自己的独特之处，有时候这些特点可能并不符合我们的喜好或期望，但正是这些差异让我们更加丰富多彩。因此，在赞美对方的同时，也要包容和理解对方的不足和缺点，这样才能真正建立起深厚的友谊。

赞美是一种美好的情感表达，它能够让我们更加欣赏和珍惜身边的人和事。当我们发现对方的优点和特长时,不妨大方地表达出来,让友谊在真诚和尊重中更加坚固。

总之,结交陌生人并不是一件难事。只要我们保持友好、开放的态度,积极寻找共同点,并真诚地赞美对方,就能轻松地与陌生人建立联系,甚至可能成为亲密无间的朋友。所以,不要害怕与陌生人交往,勇敢地迈出第一步吧!

对答如流

三步轻松结交陌生人

真诚赞美

寻找共同的朋友

寻找共同点

CHAPTER 2

第二章

让你和别人都舒适，聊天中不能不会的场面话

让人轻松的场面话

当有人多次来饭店用餐时

✗ 一般的沟通

◎ 欢迎光临!

✓ 高情商沟通

◎ (第一次来店)您好!欢迎您光临我们酒店。

◎ (第二次来店)孟先生,欢迎您再次光临,我们经理有安排,请上楼。

◎ (第三次来店)孟先生,欢迎您又一次光临,感谢您对我们的肯定。

当交代下属去完成某一件事时

✗ 一般的沟通

◎ 好了,去办吧!

✓ 高情商沟通

◎ 这件事拜托你了。
◎ 谢谢你。
◎ 辛苦了。

一次会议中场休息后有许多人迟到时

✗ 一般的沟通

◎ 领导,卫生间里人太多了。

✓ 高情商沟通

◎ 卫生间的队好长啊。老板,咱们公司怎么有这么多美女员工啊!

对答如流

当遇到有共同爱好的人士时

✗ 一般的沟通

◎ 听说你是这方面的行家?

◎ 也不算吧,只是喜欢玩而已。

◎ 你做这个多少年了?听说这行里的有些人很神秘,之前都是专门做飞机的?飞机的原理是不是很复杂?有没有什么有意思的事透露一下?

◎ 你问这个是什么意思?

◎ 哦,没什么,我就是随便问问。

✓ 高情商沟通

◎ 不好意思,我解释一下,我之所以问你飞机原理的事,是因为我最近投资生产飞机模型,我朋友没跟你说吗?

◎ 他只说你想认识我一下,没说具体原因。

◎ 噢,那就是我的不对了,我应该提前告诉你我那么问的原因。除了飞机原理,我还想知道咱们国内制作飞机模型的整个状况,比如经费啊、原材料啊,等等,毕竟我刚接触这个,这方面的知识还非常缺乏,可以吗?

◎ 当然啊。你一解释我就明白了,不然一见面就问我飞机原理什么的,我还以为你别有用心呢。

◎ 哈哈，我的错，我的错。

当你想从兴趣爱好上打破僵局时

❌ 一般的沟通

◎ 听说你也喜欢打保龄球，我也对保龄球很感兴趣，咱们哪天可以约着打球啊！

◎ 你怎么知道我喜欢打保龄球的，我可没兴趣！

✓ 高情商沟通

◎ 上个礼拜天，我到保龄球馆打球，可是手气有点差，没什么战绩。

◎ 怎么？你也喜欢打保龄球吗？

◎ 我虽然不擅长，却很喜欢这种休闲活动，经常去打。

◎ 哈哈！其实我也挺喜欢这玩意儿，几天不摸球就手痒痒。

◎ 战绩如何？

◎ 最高分是258。

◎ 啊！这已达到专业水准了。

> 对答如流

在酒会与人握手后寒暄时

✗ 一般的沟通

◎ 为什么你的手这么凉呀?

◎ 我刚拿了杯冰橙汁啊。

✓ 高情商沟通

◎ 为什么你的手这么凉呀?

◎ 但我的心是热的。

当你想表达对他人的关心时

✗ 一般的沟通

◎ 你最近怎么样?

◎ 还好,谢谢。

✓ 高情商沟通

◎ 我注意到你最近似乎有些疲惫,是不是有什么事情困扰着你?

◎ 其实,我确实有一些工作上的压力。

◎ 别太难为自己,有时候让自己放松一下,才能更好地应对挑战。如果你有需要,我可以尽我所能提供帮助。

当一位员工想要调动工作征求领导意见时

⊗ 一般的沟通

◎ 经理，我想调动一下工作，您觉得怎么样？
◎ 什么，你怎么能有这样的想法！

✓ 高情商沟通

◎ 经理，咱们公司的年轻员工都想去南方市场锻炼锻炼，您觉得怎么样？
◎ 我是赞成人才流动的。
◎ 如果我也想去呢？
◎ 那也不拦，只要对你和公司都有利就行。

当炎炎夏日去餐厅用餐时

⊗ 一般的沟通

◎ 今天真热啊。你们辛苦啦！
◎ 哪里哪里。

✓ 高情商沟通

◎ 今天那些在炉子边烧菜的小伙子一定最辛苦。

> 对答如流

◎ 有些来用餐的顾客不是抱怨这里的食物，便是指责我们的服务，要不就是因为天气闷热而大发牢骚。几十天来，你是第一个对我们表示同情的人。

当你想提出自己的建议时

✗ 一般的沟通

◎ 我觉得你应该这样做……

◎ 我觉得那样更好……

✓ 高情商沟通

◎ 我注意到你在这方面遇到了一些困难，我有个想法，不知道你觉得怎么样？

◎ 哦？说来听听。

◎ 我觉得如果我们尝试采用××方法，可能会取得更好的效果。当然，这只是我的个人建议，你可以根据实际情况考虑。

当你想表达对他人的感谢时

✗ 一般的沟通

◎ 谢谢你，今天帮了我大忙。

◎ 不客气，应该的。

✅ **高情商沟通**

◎ 我得告诉你，今天你的帮助对我来说是无价之宝，真的很感谢你。

◎ 你太客气了，其实我也没做什么。

◎ 不，你做的远不止你想象的那样。你的帮助不仅解了我的燃眉之急，也让我看到了团队合作的力量。真的很感激你。

当你想表达对他人的歉意时

❌ **一般的沟通**

◎ 对不起，我那天说的话可能有些过分了。

◎ 没关系，我也有不对的地方。

✅ **高情商沟通**

◎ 那天我可能情绪有些失控，说的话可能伤害了你，对此我深感抱歉。

◎ 其实我也有责任，我们都有情绪失控的因素。

◎ 谢谢你的理解，我会努力控制自己的情绪，避免再次发生这样的事情。希望你能接受我的道歉。

不同场合，多种应对

当你去看望生病的好朋友时

> ❌ **一般的沟通**

◎ 你没事吧？

◎ 你怎么病了？严重吗？

> ✓ **高情商沟通**

◎ 听说你身体不太舒服，我真的很担心你。你需要什么帮助吗？如果需要的话，我可以帮你联系医生或者买药。

◎ 生病是一件让人很难受的事情，我希望你能够好好休息，尽快康复。如果有需要的话，我可以帮你分担一些工作或者照顾你的日常生活。

面对同事的批评时

⊗ 一般的沟通

◎ 你怎么能这么说呢？我并没有做错什么啊！

✓ 高情商沟通

◎ 非常感谢你的反馈，我会认真考虑你的意见并努力改进。我相信我们都有改进的空间，一起努力才能让我们的团队变得更好。

◎ 我理解你的观点，也许我们看问题的角度不同。但我会尝试从你的角度去理解，看看是否有改进的地方。

在公共场合看到一位同事的演讲出错时

⊗ 一般的沟通

◎ 哎呀，你怎么犯这么低级的错误啊！

✓ 高情商沟通

◎ 在公共场合演讲确实需要很大的勇气，也有很多技巧，你可能有些紧张或者疏忽了。我相信你一定会从这次失误中吸取教训，下次做得更好。

对答如流

◎ 每个人都会犯错，包括我自己。重要的是我们如何面对错误并从中总结经验，我相信你一定能够从中成长。

当你想邀请他人参加活动时

⊗ 一般的沟通

◎ 你有空吗？能来参加我们的活动吗？

✓ 高情商沟通

◎ 我们有一个非常有趣的活动，我觉得你一定会喜欢的。你有时间参加吗？我们非常期待你的到来。

◎ 我深感荣幸能收到你们的邀请，我非常期待参加这个有趣的活动。请告诉我具体的时间和地点，我会尽力安排我的时间。

对男士表达关心时

⊗ 一般的沟通

◎ ×××，您辛苦啦！

✓ 高情商沟通

◎ 张老师，您那本书写得真好，没少花工夫吧？您可得注意休息了，您现在比以前瘦多了。

◎ 刘总，这么大的项目，您一个人给搞定了，可真了不起！不过您可要注意身体呀，别光为了工作，累坏了自己。

被邀请参加一个不太感兴趣的聚会时

⊗ 一般的沟通

◎ 啊，我不太想去那个聚会。

✓ 高情商沟通

◎ 非常感谢你的邀请，我知道这个聚会对你来说很重要。虽然我可能对这个主题不太感兴趣，但我很愿意为了支持你和你的朋友们而参加活动。

◎ 我很感激你的邀请，但我可能对这个聚会的主题不太感兴趣。不过，我们可以一起找其他有趣的事情做，或者你可以告诉我更多关于这个聚会的信息，也许我会改变主意。

当你想拒绝他人的要求时

⊗ 一般的沟通

◎ 不行，我做不到。

> 对答如流

> ✓ **高情商沟通**

◎ 非常感谢你的信任和请求，但我目前确实没有足够的时间和精力来完成这件事情。你可以找其他合适的人帮忙吗？非常抱歉，让你失望了。

◎ 非常抱歉，我无法帮你完成这个任务，因为我有自己的事情要处理。

面对他人的抱怨时

> ✗ **一般的沟通**

◎ 你怎么总是抱怨呢？

> ✓ **高情商沟通**

◎ 我理解你现在的感受，抱怨也是一种情绪的表达方式。但也许我们可以一起找找解决问题的方法，这样你会感觉更好一些。

◎ 听到你的抱怨，我觉得你需要一些支持和理解。让我们一起来看看如何解决这个问题吧。

需要提醒他人注意自己的行为时

✗ 一般的沟通

◎ 你怎么能这样做呢?

✓ 高情商沟通

◎ 我注意到你最近的行为有些不太合适,也许我们需要一起谈谈,看看如何改进。

◎ 我相信你并不是故意这样做的,但你的行为可能对他人造成了一些影响。我们可以一起找找解决问题的方法。

当同事因为工作压力而情绪低落时

✗ 一般的沟通

◎ 你怎么了?是不是工作太累了?

✓ 高情商沟通

◎ 我注意到你最近看起来有些疲惫,是不是工作压力太大了?如果你需要倾诉或者想找人分担一些工作,我都在这里。

◎ 我看到你最近有些低落,是不是有什么困扰?我们可以一起想办法解决。

对答如流

当得知同事要离职时

⊗ 一般的沟通

◎ 你真的要走吗？太可惜了！

✓ 高情商沟通

◎ 我很遗憾听到你要离开的消息，你在这里做得非常好，我相信你在新的公司也会很成功的。

◎ 我很感激你在这里的付出和努力，你的离开对我们来说是一个巨大的损失。但我会尊重你的决定，并祝你前程似锦。

当你要鼓励他人时

⊗ 一般的沟通

◎ 你可以的，加油！

✓ 高情商沟通

◎ 我看到你一直在努力，我相信你一定能够成功。无论遇到什么困难，都不要放弃，我会一直支持你。

◎ 我知道你有时候会感到疲惫和困惑，但请相信自己的能力和价值。你一定能够克服困难，实现自己的目标。我会一直支持你，鼓励你前行。

当你收到一份意料之外的礼物时

❌ 一般的沟通

◎ 哇，这是给我的吗？太惊喜了！

✅ 高情商沟通

◎ 谢谢你，这是我完全没有预料到的惊喜。你真是太细心了，我非常喜欢这份礼物。

◎ 这份礼物让我感到非常温暖和特别，谢谢你花费心思和时间为我挑选。

面对他人的感谢时

❌ 一般的沟通

◎ 不用谢，这是我应该做的。

✅ 高情商沟通

◎ 我很乐意帮助你，你的感谢让我感到非常温暖。我相信我们都应该互相支持，共同成长。

◎ 你的感谢让我感到非常荣幸，我也很高兴能够为你提供帮

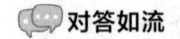

助。我相信我们之间的合作会更加愉快和高效。

当他人遇到困难时

❌ 一般的沟通

◎ 你还好吗？

✅ 高情商沟通

◎ 我知道你现在可能遇到了一些困难，但请相信，你不是一个人在战斗，我会尽我所能帮助你渡过难关。

◎ 我看到你现在遇到了一些困难，我非常愿意提供帮助。请告诉我你需要哪些方面的支持，我会尽力协助你。

当你想寻求他人的建议时

❌ 一般的沟通

◎ 你能给我点建议吗？

✅ 高情商沟通

◎ 我非常尊重你的意见和看法，现在能否请你给我一些建议，帮助我更好地处理这个问题？

◎ 我一直很佩服你的眼光和智慧，现在我有个问题想请教你，不知道你能不能给我一些建议？

当他人取得成功时

⊗ 一般的沟通

◎ 恭喜你！

✓ 高情商沟通

◎ 我真的为你感到骄傲，你的成功不是偶然的，而是你不断努力和坚持奋斗的结果。我相信你会继续保持这种势头，取得更大的成功。

◎ 我知道你一定付出了很多努力和汗水，才能取得这样的成就。你的成功是你不断努力和坚持奋斗的结果，我非常敬佩你。

当你需要向他人道歉时

⊗ 一般的沟通

◎ 对不起，我错了。

✓ 高情商沟通

◎ 非常抱歉，我意识到我的行为可能对你造成了困扰或者伤害。我会认真反思并改正我的错误，确保不再发生类似的事情。

> 对答如流

◎ 我非常重视你的感受，也希望你能够原谅我。我会尽我所能来弥补我的过失，并让我们的关系更加和谐。

面对他人的道歉时

❌ 一般的沟通

◎ 没关系，我已经忘了。

✓ 高情商沟通

◎ 我接受你的道歉，我相信每个人都有犯错的时候。重要的是我们能够从中吸取教训，避免再犯同样的错误。

◎ 我接受你的道歉，也希望你能够真正认识到自己的错误，并采取积极的措施来改正。我们的关系很重要，我相信我们能够一起渡过这个难关，继续前行。

面对他人的批评时

❌ 一般的沟通

◎ 你怎么总是批评我？

✓ 高情商沟通

◎ 非常感谢你的批评和建议，我会认真倾听并努力改进自己的不足。我相信每个人都有需要改进的地方，我也一样。谢谢你的提醒和支持。

◎ 我理解你的批评可能源于你对我的期望和关心。我会认真反思并尝试改进，让自己变得更好。谢谢你的坦诚和直接，这让我更加珍惜我们之间的交流和友情。

当你需要表达自己的想法时

⊗ 一般的沟通

◎ 我认为我们应该这样做……

✓ 高情商沟通

◎ 我有一些想法，也许我们可以一起探讨一下。我觉得我们可以尝试这样做……

◎ 我想分享一下自己的看法，也许我们可以一起思考一下。我觉得我们可以从这个角度出发，看看是否能够找到更好的解决方案。

当你需要表达不同意见时

⊗ 一般的沟通

◎ 我不同意你的看法。

对答如流

✅ 高情商沟通

◎ 我理解你的观点，但我有一些不同的想法。我们可以一起探讨一下，看看是否能够找到一个更加全面和有效的解决方案。

◎ 我很尊重你的意见，但我想分享一下自己的看法。也许我们可以从不同的角度来看待这个问题，看看是否能够找到更好的解决方案。

当你需要寻求他人的帮助时

❌ 一般的沟通

◎ 你能帮我一下吗？

✅ 高情商沟通

◎ 我知道你很忙，但如果方便的话，我希望你能够帮我解决一下这个问题。我相信你的能力和经验一定能够帮助我找到最佳的解决方案。

◎ 我遇到了一个困难，希望能够得到你的帮助。如果你有时间的话，能否帮我一起解决这个问题？我会非常感激你的支持和帮助。

当他人做出令人敬佩的行为时

✗ 一般的沟通

◎ 你真是太棒了！

✓ 高情商沟通

◎ 我真的很佩服你，你展现出的勇气令人敬佩。你的勇气和决心都非同一般，这给我带来了很大的鼓舞和启发。

◎ 你的行为让我深受感动，你的勇气和决心都非同一般。你的行动不仅改变了你自己，也影响了我们周围的人。我们大家都很感谢你。

当你想从对方擅长的事情打开话题时

✗ 一般的沟通

◎ 今天我们来交流交流写作的体会吧。

✓ 高情商沟通

◎ 我一直非常佩服你的写作能力，你总能把复杂的问题讲得简单易懂。不知道你能不能分享一下你的写作经验和技巧，我也很想学习学习。

> 对答如流

◎ 我知道你在写作方面有着出色的才华和丰富的经验，我一直非常想听听你的看法和建议。不知道你能不能分享一下你的写作心得和体会，我相信这对我来说会是一次非常宝贵的学习机会。

当你想表达对他人的赞美时

✗ 一般的沟通

◎ 你做得真好！

✓ 高情商沟通

◎ 你的表现很出色，我非常钦佩你的能力和努力。

◎ 你的工作做得非常出色，我非常欣赏你的专业能力和敬业精神。你的努力不仅为公司带来了很大的价值，也为我们树立了一个很好的榜样。真的很感谢你！

当你想安慰他人时

✗ 一般的沟通

◎ 别难过了，都会过去的。

✓ 高情商沟通

◎ 我知道你现在很难过，但请相信，时间会治愈一切。同时，如果你需要倾诉或者需要任何帮助，我都在这里。

◎ 我理解你现在的感受，也许我们可以一起谈谈，分享你的心事。有时候倾诉和分享能够让我们感到轻松和舒适。

当你想表达对他人的支持时

⊗ 一般的沟通

◎ 我支持你！

✓ 高情商沟通

◎ 我非常赞同你的想法和决定，我相信你有能力实现自己的目标。无论你遇到什么困难，我都会全力支持你。

◎ 我知道这条路对你来说并不容易，但我想告诉你，无论你遇到什么困难和挑战，我都会一直支持你，陪伴你走过这段路。你并不孤单，我们一起前行。

当你想结束对话时

⊗ 一般的沟通

◎ 好吧，就这样吧。

对答如流

✓ 高情商沟通

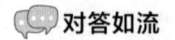

◎ 很高兴能够和你进行这么有意义的对话，我相信我们的交流会对彼此都有所帮助。如果你以后还有任何问题或者想法，随时欢迎和我分享。

◎ 时间总是过得很快，但我非常享受和你在一起的时光。如果你有时间，希望我们能够再次交流，继续探讨更多有趣的话题。

当你请求他人的帮助时

✗ 一般的沟通

◎ 你能帮我个忙吗？

✓ 高情商沟通

◎ 我知道你的时间很宝贵，但我在这个问题上遇到了一些困难，希望你能给我一些建议或者帮助。我会非常感激你的支持和帮助。

◎ 我知道你的能力和经验都非常丰富，我想请教你一个问题，希望你能给我一些指导和建议。我相信你的帮助会让我更好地解决问题。

当你想表达对他人的理解时

⊗ 一般的沟通

◎ 我明白你的意思。

✓ 高情商沟通

◎ 我理解你的感受，也赞同你的想法。我们都需要一个可以倾诉和依靠的人，特别是当我们感到困惑或不安的时候。

◎ 你的感受是非常正常和合理的，我完全能够理解你的情绪和想法。如果你需要倾诉或者需要任何帮助，我都在这里。

当你想向他人表示祝贺时

⊗ 一般的沟通

◎ 恭喜你啊！

✓ 高情商沟通

◎ 我真的为你感到由衷的高兴，你的努力和付出终于得到了应有的回报。你的成功不仅是你个人的荣耀，也是我们所有人的骄傲。

◎ 祝贺你取得了这么重要的成就，你的努力和才华得到了充分的体现。我相信这只是你人生道路上的一个新起点，未来还有更多的辉煌等待你去创造。

当你想表达对他人的尊重时

❌ 一般的沟通

◎ 你是个不错的人。

✅ 高情商沟通

◎ 我非常尊重你的才华和品质，你的成就和贡献让我深感敬佩。你的奉献让这个世界变得更加美好。

◎ 你的意见对我来说非常重要，我非常感激你能够分享自己的想法和见解。

当你想与他人分享好消息时

❌ 一般的沟通

◎ 我有个好消息要告诉你！

✅ 高情商沟通

◎ 我迫不及待地想与你分享这个好消息，我相信你会和我一样感到兴奋和开心。

◎ 这个好消息对我来说意义重大，我想第一时间与你分享。你的支持和陪伴让我更加珍惜这份友谊。

当你想表达对他人的欣赏时

(x) 一般的沟通

◎ 你做得真棒。

(✓) 高情商沟通

◎ 我非常欣赏你的才华和努力，你做得非常出色。你的成就和贡献让我感到非常敬佩。

◎ 你的才华和努力让我深受启发，你的成就和表现让我感到震撼和惊叹。我和周围的人都非常敬仰你，也期待你未来有更加出色的表现。

两性之间也要会说话

当男生向女生给予的帮助和支持表达感谢时

✗ 一般的沟通

◎ 谢谢你帮了我。

✓ 高情商沟通

◎ 在我最困难的时候,你给予了我无私的帮助和支持,让我感受到了你的善良和关爱。你的鼓励是我最大的支持和力量,让我更加坚强和自信。真的很感谢你,你是我最重要的人。

当女生在男生工作疲惫时给予关心和安慰

✗ 一般的沟通

◎ 你辛苦了。

✅ **高情商沟通**

◎ 看到你工作这么疲惫,我真的很心疼。你的努力和付出是为了我们共同的未来,你的坚持和奋斗是我们共同的骄傲。请记住,无论何时何地,我都会在你身边,为你加油打气,和你共担压力。你是最棒的,我相信你!

当情侣一起经历了一段美好的旅程时

❌ **一般的沟通**

◎ 这次旅行真开心!

✅ **高情商沟通**

◎ 这次旅行让我们更加深入地了解了彼此,也让我们更加珍惜在一起的时光。每一个风景、每一个瞬间,都成了我们共同的回忆和珍贵的财富。感谢你一直在我身边,让我感受到了爱和幸福。希望我们的未来还有更多的美好时光,一起走过更多的旅程。

当情侣一起战胜了一个困难时

❌ **一般的沟通**

◎ 我们终于克服了困难!

对答如流

✅ **高情商沟通**

◎ 在面对困难时，我们携手共进，相互支持和鼓励，最终成功地渡过了难关。这个过程让我们更加了解彼此，也让我们更加坚定了对彼此的信念和承诺。感谢你一直在我身边，让我感受到了爱和力量。我相信，只要我们一直携手前行，未来的路一定会更加美好。

当情侣为彼此准备了一份特别的礼物时

❌ **一般的沟通**

◎ 这是给你的礼物。

✅ **高情商沟通**

◎ 这份礼物是我特意为你准备的，希望你会喜欢。我选择了它，是因为它代表了我对你的爱和关心，也寄托了我对你的祝福和期待。当你收到这份礼物时，希望你能感受到我的真心和深情。你是我生命中最重要的人，我会一直爱你。

当老公说晚上有应酬时

❌ **一般的沟通**

◎ 哦，好吧，那你早点儿回来啊。

> ✓ 高情商沟通

◎ 好的,我知道你今晚有应酬,比较忙,我会等你回来。请记得,无论多晚,都要小心驾驶,安全最重要。我期待你平安归来,我们一起共度美好的夜晚。

当老婆说今天工作很累时

> ✗ 一般的沟通

◎ 那你早点休息吧。

> ✓ 高情商沟通

◎ 你今天工作一定很累了吧,看你这么辛苦,我真的很心疼。请一定要照顾好自己,不要太累。我会为你准备好一杯热茶,帮你放松一下。你是我生活中最重要的人,你的幸福,是我最大的心愿。

当夫妻之间出现误解时

> ✗ 一般的沟通

◎ 你怎么能这么想!

对答如流

✓ 高情商沟通

◎ 我知道我们之间出现了误解，这让我感到很难过。我希望我们能够坦诚地交流，共同找出问题的根源，然后一起解决它。我相信，只要我们彼此信任和理解，任何困难都不是问题。

当夫妻之间闹矛盾时

✗ 一般的沟通

◎ 你总是这样，我真的很失望！

✓ 高情商沟通

◎ 我知道我们现在的矛盾可能让你感到失望和不满，但我真心希望我们能够坐下来，冷静地谈一谈。我愿意倾听你的想法和感受，也愿意为了我们的关系做出改变。我相信，只要我们彼此尊重和理解，我们一定能够化解矛盾，重新找回那份初心。

当老公夸奖老婆的厨艺时

✗ 一般的沟通

◎ 哈哈，我做的菜好吃吧！

✅ **高情商沟通**

◎ 谢谢你的夸奖,我真的很高兴你喜欢我做的菜。我会继续努力,为你烹饪更多的美味佳肴。和你一起分享美食,是我生活中最美好的时刻。

当老婆称赞老公的工作成就时

❌ **一般的沟通**

◎ 你的工作做得真好。

✅ **高情商沟通**

◎ 我非常佩服你在工作上的成就和付出,你的努力和才华得到了充分的认可。我为你感到自豪和骄傲,也期待着你未来有更加辉煌的成就。你是我最敬佩的人,我会一直支持你。

当夫妻一起庆祝结婚纪念日时

❌ **一般的沟通**

◎ 结婚纪念日快乐!

对答如流

✅ **高情商沟通**

◎ 亲爱的,今天是我们的结婚纪念日,感谢你一直以来的陪伴和支持。有你的每一天都充满了幸福和甜蜜,我感到无比幸运和满足。我希望我们的爱情能够永远如初,一起走过更多的美好时光。

当夫妻一起渡过难关时

❌ **一般的沟通**

◎ 我们终于挺过来了。

✅ **高情商沟通**

◎ 在面对困难和挑战时,我们携手共进,相互支持和鼓励,最终成功地渡过了难关。这个过程让我们更加坚定了对彼此的信念和承诺,也让我们更加珍惜现在所拥有的幸福和美好。感谢你一直在我身边,让我感受到了爱和力量。我相信,只要我们一直携手前行,未来的路一定会更加美好。

当老公为老婆准备了一份惊喜礼物时

❌ **一般的沟通**

◎ 这是我给你的惊喜!

✅ **高情商沟通**

◎ 亲爱的,这是我特意为你准备的礼物,希望你会喜欢。我选择了它,是因为它代表了我对你的爱和关心,也寄托了我对你的祝福和期待。当你收到这份礼物时,希望你能感受到我的真心和深情。你是我生命中最重要的人,我会一直爱你。

当老婆为老公做了一顿丰盛的晚餐时

❌ **一般的沟通**

◎ 晚餐做好了,我们吃饭吧。

✅ **高情商沟通**

◎ 亲爱的,你为我准备了一顿如此丰盛的晚餐,真是让我感动。你的厨艺越来越好,每一道菜都充满了你的心意和关怀。我真的很幸运,能够和你一起分享美食,享受这种家庭的温馨和幸福。感谢你一直以来的付出和关爱,我爱你。

当老公工作压力大,心情低落时

❌ **一般的沟通**

◎ 你怎么了?是不是工作压力太大了?

对答如流

✓ **高情商沟通**

◎ 亲爱的，我看你今天似乎有些心情低落，是不是工作压力太大了？我知道你在工作上付出了很多努力和心血，但也要记得照顾好自己。请告诉我，有什么我可以帮你的吗？我愿意和你一起分担，一起面对挑战。你的幸福，是我最大的心愿。

当老婆遇到工作上的挫折时

✗ **一般的沟通**

◎ 别太在意，下次努力就好了。

✓ **高情商沟通**

◎ 亲爱的，我知道你在工作上遇到了一些挫折，这一定让你感到很失落。但请相信，每一次失败都是成功的垫脚石。我会一直支持你、鼓励你，帮助你找到解决问题的方法。无论遇到什么困难，我们都要一起面对、一起努力。我相信，你一定能够克服挫折，取得更大的成就。

当夫妻之间产生分歧时

✗ **一般的沟通**

◎ 我觉得我们应该这样做……

✓ 高情商沟通

◎ 亲爱的,我注意到我们在某些问题上存在分歧。我想和你坦诚地交流一下我的看法和想法。我相信,只要我们保持开放的心态,尊重彼此的意见,我们一定能够找到共同的解决方案。我希望我们能够一起成长、一起进步,让我们的关系更加和谐美好。

当夫妻一起规划未来时

✗ 一般的沟通

◎ 我们以后怎么办?

✓ 高情商沟通

◎ 亲爱的,我想和你一起规划我们的未来。我相信,只要我们携手共进,相互支持和理解,我们的未来一定会更加美好。我们可以一起制订目标,一起努力奋斗,一起实现我们的梦想。无论遇到什么困难和挑战,我们都要相信彼此,共同面对。我期待着我们未来的日子,与你一起走过更多的人生旅程。

这样说孩子更爱听

当孩子抱怨作业太多时

✗ 一般的沟通

◎ 你怎么有这么多作业，别人怎么就没有？

✓ 高情商沟通

◎ 我知道你最近作业很多，这确实会有些辛苦。但请记住，每一份努力都是为了更好的未来。如果你觉得累了，我们可以一起休息一下，或者找一些有趣的活动来放松一下。我相信，只要你用心去做，一定能够完成得很好。我会一直支持你，陪伴你度过这段时光。

当孩子考试没考好时

⊗ 一般的沟通

◎ 你怎么考得这么差?

✓ 高情商沟通

◎ 我知道你这次考试没考好,这一定让你感到很失落。但请记住,考试只是检验学习的一种方式,它并不能完全定义你的能力。让我们一起找出问题的原因,然后一起努力改进。我相信,只要你用心去学,一定能够取得更好的成绩。我会一直支持你、鼓励你,陪伴你一起成长。

当孩子与同学发生矛盾时

⊗ 一般的沟通

◎ 你为什么不和他们好好玩?

✓ 高情商沟通

◎ 我知道你最近和同学之间有些矛盾,这一定让你感到很困惑。但请相信,每个人都有自己的个性和想法,我们要学会尊重和理解他人。让我们一起坐下来,坦诚地交流一下,找出问题的

对答如流

根源，然后一起寻找解决方案。我相信，只要你们用心去沟通，一定能够化解矛盾，重新建立起友好的关系。

当孩子说学校里有人欺负他时

⊗ 一般的沟通

◎ 那你怎么不告诉老师？你怎么这么懦弱？

✓ 高情商沟通

◎ 你告诉我学校里有人欺负你，这让我感到非常生气和难过。我要告诉你，无论遇到什么困难，你都不是一个人在面对。我会坚定地支持你，帮助你面对这个问题。首先，我们要勇敢地告诉老师和那位学生的家长，让他们知道这个情况，并采取措施来保护你。同时，我们也可以学习一些自我保护的方法，让自己更加强大。请记住，你的安全和幸福是最重要的，我会一直陪伴在你身边，保护你，支持你。无论遇到什么困难，我们都要坚强勇敢，相信自己的力量，相信我们一定能够战胜困难。

当孩子需要帮助时

⊗ 一般的沟通

◎ 你怎么这么笨，连这个都不会？

✅ **高情商沟通**

◎ 宝贝,我知道你可能在某些事情上感到困惑和无助,但请相信,你并不孤单。我会一直在这里,耐心地指导你,帮助你解决问题。无论遇到什么困难,我们都要相信自己的能力,一起努力,克服困难。我相信,只要你用心去学,一定能够掌握这些知识。我会一直支持你,陪伴你成长。

当孩子受到委屈时

❌ **一般的沟通**

◎ 别哭了,没什么大不了的。

✅ **高情商沟通**

◎ 宝贝,我看到你现在很委屈,心里一定很难过。请告诉我,发生了什么事情让你感到这么委屈?我愿意倾听你的感受,帮助你找到解决问题的方法。无论遇到什么困难,我们都要勇敢面对,一起克服。请记住,你的感受很重要,我会一直关心和支持你。你的幸福,是我最大的心愿。

对答如流

当孩子犯错时

✗ 一般的沟通

◎ 你怎么又犯错了?真是让人失望。

✓ 高情商沟通

◎ 我注意到你最近犯了一个错误,这让我感到有些担心。但我相信,每个人都会犯错,重要的是我们要从错误中学习,避免再犯同样的错误。请告诉我,你为什么会做出这样的选择?我们可以一起探讨一下,找到更好的解决方法。请记住,犯错并不可怕,可怕的是不敢面对和改正。我会一直在这里,支持你,引导你走向正确的道路。

当孩子说他不想上学时

✗ 一般的沟通

◎ 怎么能不去上学呢?你必须去!

✓ 高情商沟通

◎ 你刚才说自己不想去上学,是不是有些问题让你感到很困惑?你可以告诉我,是什么让你产生了这样的想法吗?是学校的环境，还是与同学们的关系，又或者是学习上的压力？我相信，每个孩子都渴望在快乐和舒适的环境中学习成长。我们可以一起找出问题所在，然后寻找解决的方法。也许我们可以与老师沟通，或者寻找一些让你感到有趣的学习方式。请记住，学习应该是一种享受，是一段探索未知世界的旅程。我会一直在你身边，支持你、鼓励你，帮助你找到学习的乐趣。让我们一起勇敢地面对困难，共同创造美好的未来。

游刃有余,让你不"尬聊"的超级聊天术

聊天,这门看似简单的技能,在实际运用中,对于很多人来说,却像是一座难以跨越的大山。每当置身于陌生的环境或是与不熟悉的人交流时,心中的紧张与尴尬如同潮水般涌来,让人无处可逃。然而,掌握一些高效的聊天技巧,便能轻松应对这些挑战,让你的社交之旅变得如鱼得水、游刃有余。

开场:巧妙破冰,轻松启程

一个精彩的开场,如同舞者的优雅起步,能够为整个聊天过程奠定良好的基础。想象一下,你走进一个熙熙攘攘的聚会,四周都是陌生的面孔。此时,一个幽默而自信的自我介绍,如同一道温暖的阳光,瞬间驱散了紧张与尴尬。例如,你可以说:"大家好,我是今晚聚会的'新人',希望我的出现不会让大家觉得太突兀。"这样的开场白不仅能够展现你的自信与魅力,还能巧

妙地打破初次见面的僵局，为后续深入的交流创造有利的条件。

当然，一个好的开场并不只适用于聚会这样的社交场合，它同样适用于我们的日常交流，无论是工作汇报、会议发言还是朋友间的闲聊。想象一下，在一次重要的工作汇报中，你以一句"各位领导、同事，今天我来分享一下我们团队在过去一个月里的工作成果和未来的规划"这样的开场白，不仅明确了你的发言主题，也展示了你作为团队发言人的专业和自信。

在会议发言中，一个清晰明了的开场白可以帮助听众更好地理解你的发言主题，以及你将要表达的观点。例如，"尊敬的各位领导、同仁，我今天想和大家讨论的是关于提升我们公司产品竞争力的问题"，这样的开场白，让听众能够立刻明白你的发言重点，从而更好地跟随你的思路。

而在朋友间的闲聊中，一个轻松愉快的开场白则能迅速拉近彼此的距离，让聊天氛围更加融洽。比如，"嘿，你知道吗？我今天在路上看到了一只超级可爱的小狗，它的眼神简直能萌化我的心"，这样的开场白，不仅能够引发对方的兴趣，还能为接下来的聊天创造轻松愉快的氛围。

一个精彩的开场就像一把钥匙，能够打开交流的大门，让我们在人际交往中更加游刃有余。因此，我们应该重视每一次开场，用心去设计，让每一次交流都从一个精彩的开场开始。

当我们掌握了如何开启一段对话的艺术，我们也就掌握了在人际交往中的主动权。一个成功的开场，不仅仅是语言的技巧，

> 对答如流

更是对人性、情感与交流的深刻理解。在繁忙的生活节奏中，人们往往渴望与他人建立真实的连接，而一个精心设计的开场，就是实现这一目标的桥梁。

转圜：机智应对，话题如丝般顺滑

聊天过程中，转圜的技巧至关重要。你需要时刻保持对话题的敏感度和掌控力，让话题如同丝滑的绸缎般自然流淌。这要求你不仅要善于倾听对方的言语，还要能够从中捕捉到有价值的信息，然后巧妙地提出问题，引导对话深入。同时，要避免触及敏感或争议性的话题，以免陷入尴尬的境地。例如，当对方提到最近的旅行经历时，你可以好奇地询问："听起来真是一次美妙的旅程！你最喜欢的地方是哪里？有什么难忘的瞬间吗？"这样的提问方式不仅能够展现你对对方的兴趣和关注，还能让话题保持连贯性和趣味性。

在对话中，转圜的艺术并不仅仅局限于言语的流畅与自然，它还体现在对情感氛围的敏锐洞察和灵活应对。正如一位优秀的舞者能够随着音乐的节奏自由变换步伐，一个擅长转圜的交谈者也能随着对话的起伏而调整自己的语气和态度。

当对方分享一段愉快的经历时，我们应该学会用温暖的笑容和共鸣的话语来回应，让对方感受到我们的喜悦和认同。而当对话中出现紧张或尴尬的气氛时，我们则需要运用一些巧妙的策略来缓解紧张情绪，比如适时地开个玩笑，或者用一些轻松的话题来转移大家的注意力。

此外，转圜的技巧还体现在对话的结束阶段。当感觉对话已经接近尾声时，我们应该用一种得体而自然的方式来结束对话，比如表达感谢，提出下次交流的期望，或者简单地道一声"再见"。这样的结束方式不仅能够给对话画上一个圆满的句号，还能为未来的交流留下良好的印象。

转圜的技巧在聊天过程中起着至关重要的作用。通过保持对话题的敏感度和掌控力，善于倾听和提问，以及灵活应对情感氛围的变化，我们能够让对话如同丝滑的绸缎般自然流淌，营造出愉快而和谐的交流氛围。

这种艺术化的交流方式，并不仅仅是技巧上的运用，更是人格魅力的体现。一个擅长转圜的交谈者，往往能够在不同的场合、面对不同的人，都能够游刃有余地应对，展现出自己的沟通智慧和魅力。

后续：深度交往，友谊长存

聊天的真正意义不在于话题的长短，而在于能够建立稳固的人际关系。在聊天过程中，你可以通过分享个人经历、给予真诚的赞美和鼓励等方式，与对方建立深厚的情感联系。这些经历和情感共鸣将成为你们友谊的基石，让彼此之间的关系更加稳固和持久。同时，聊天结束后，不要忘了保持联系。你可以通过微信、电话等方式，继续分享生活中的点滴，让友谊之花绽放得更加灿烂。

聊天，这个看似简单的行为，实际上蕴含了无尽的可能性和深意。它不仅仅是一个简单的交流过程，更是一种心灵的互动和情感的交流。当我们与他人聊天时，我们不仅仅是在交换信息和观点，更是在分享我们的情感、经历和感受。

聊天是一种艺术，需要用心去倾听，用情感去体会。当我们真诚地倾听他人的故事，分享自己的经历和感悟时，我们就在建立起一种深厚的联系。这种联系不仅仅是表面上的，更是心灵深处的。它让我们能够真正理解他人，感受到他人的情感，从而建立起一种真挚的友谊。

聊天也是一种力量，能够激发我们的潜能，让我们变得更加自信和坚定。当我们与他人分享我们的梦想和抱负时，我们不仅能够得到他人的支持和鼓励，更能激发自己内心的力量，让我们更加坚定地追求自己的目标。

聊天，更是一种探索未知的旅程。在每一次对话中，我们都有可能遇到新的思想、新的观点，甚至是全新的生活方式。这些新的元素就像一扇扇打开的门，引领我们走向更广阔的世界，让我们有机会去认识更多的自己，了解更多的人。聊天，是我们认识世界、理解生活的重要方式之一。

聊天也是一种治愈，能够带给我们内心的安慰和力量。当我们遭遇困难,或是心情低落时,与朋友的一次简单聊天,可能就会带给我们巨大的鼓励和支持。在聊天中,我们倾诉自己的困扰,分享自己的感受,同时也从他人那里获得理解和建议。这种治愈的力量,让我们在面对生活的挑战时,能够更加坚韧和乐观。

聊天,更是一种创新。在聊天中,我们的思维得以碰撞,灵感得以激发。我们与他人分享自己的想法,听取他人的建议,不断地探索和创新。这种创新的力量,能够推动我们不断进步,不断超越自己。

让我们珍惜每一次与他人聊天的机会,用心去倾听,用真情去体会。让我们在聊天中建立深厚的友谊,激发内心的力量,让我们的生活更加充实和美好。

总之,聊天是一门需要不断实践和磨炼的艺术。通过掌握正确的聊天技巧,运用恰当的开场、机智的转圜以及深度交往的后续行动,我们就能在各种社交场合中游刃有余,轻松应对。让每一次聊天都成为一次愉悦的人际交往体验吧!

对答如流

让你不"尬聊"的聊天术

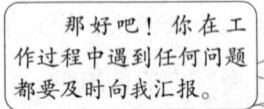

开场

之前安排你的那项工作怎么没音了？

领导，非常抱歉之前没有及时向您汇报工作进度。那个任务我已经完成了一大半，预计在下周初就能全部完成。

转圜

那好吧！你在工作过程中遇到任何问题都要及时向我汇报。

非常感谢您的理解和支持。我确实遇到了一些问题，我已经制订了详细的解决方案，并与团队成员进行了充分的讨论和协作。我们一定能够克服这些困难，按时高质量地完成。

后续

非常好，我相信你能够解决这个问题。你的态度让我感到很放心。如果你需要任何资源或者帮助，请随时告诉我。

我会的，领导。我会保持积极的态度，全力以赴完成这个任务。再次感谢您的理解和支持。

CHAPTER 3

第三章

笑融僵局，用幽默化解聊天之冰

即兴聊天，幽默捧场

当冒雨参加朋友的婚礼时

✗ 一般的沟通

◎ 下这么大的雨，你能来参加婚礼，辛苦了。

◎ 还好还好。

✓ 高情商沟通

◎ 你们冒雨前来，真是辛苦了。这都怪我没选好日子。

◎ 老兄此言差矣，古人道，"久旱逢甘霖，他乡遇故知，洞房花烛夜，金榜题名时"，这人生的四大喜事，让你们小两口一天就赶上了两个，这才叫双喜临门呢。

当不小心打翻了咖啡杯时

⊗ 一般的沟通

◎ 哎呀,真不好意思!

✓ 高情商沟通

◎ 看来我的咖啡太激动了,想早点儿见到大家。

◎ 看起来,你的咖啡确实充满了活力。

◎ 是啊,看来它和我一样,都迫不及待地想要开始新的一天。

当你收到一条明显的推销短信时

⊗ 一般的沟通

◎ 又是推销的,真烦人。

✓ 高情商沟通

◎ 哈哈,这推销短信也太有毅力了,每天都准时来报到。不过,我今天心情好,就不跟你计较了。

> 对答如流

当你在公共场合不小心踩到别人的脚时

✗ 一般的沟通

◎ 哎呀，对不起，我没注意。

✓ 高情商沟通

◎ 看来我的鞋子也想跟你的鞋子交朋友，不小心碰了一下。

◎ 哈哈，看来我们的鞋子很有缘分啊！

在路上被人认错时

✗ 一般的沟通

◎ 对不起，您认错人了。

✓ 高情商沟通

◎ 哈哈，看来我是大众脸，不过能被您认错也是一种缘分。

◎ 你说得没错，有时候缘分就是这么奇妙。

开会需要较长时间发言时

⊗ 一般的沟通

◎ 今天我有很重要的事情要讲，本来要讲很长时间，但我争取尽快讲完。

✓ 高情商沟通

◎ 很多人肯定最讨厌开长会，但是有些话必须要说。不过，我会争取让大家在长长的等待中有满满的收获。

当你应邀参观一家酒厂时

⊗ 一般的沟通

◎ 先生，久闻大名啊。欢迎你的到来。
◎ 哪里哪里。

✓ 高情商沟通

◎ 先生，久闻大名啊。欢迎你的到来，真是让我们厂子蓬荜生辉啊。
◎ 贵厂的酒才是人尽皆知，所以我是大闻"酒"名啊！

对答如流

新生见面会上的自我介绍

✗ 一般的沟通

◎ 大家好,我叫代玉。请大家多多关照。

✓ 高情商沟通

◎ 大家都很熟悉《红楼梦》里多愁善感的林黛玉吧,那么就请记住我,我是新时代的黛玉叫代玉,我是黛玉的反面,因为我天生快乐。

公交车上一个小伙子不留神撞到一位姑娘时

✗ 一般的沟通

◎ 德性!你能看着点脚下不!
◎ 不好意思,是急刹车造成的

✓ 高情商沟通

◎ 德性!你能看着点脚下不!
◎ 对不起,这和"德性"无关,这是惯性。

当一位老师监考时

⊗ 一般的沟通

◎ 今天的考试,大家专心答题,不要交头接耳,不要传小抄。

✓ 高情商沟通

◎ 今天的考试,我们要求同学们"包产到户",不要"吃大锅饭"。

在餐厅点菜后久久不上桌时

⊗ 一般的沟通

◎ 服务员,我点的菜怎么还没上?

✓ 高情商沟通

◎ 服务员,我点的菜是不是在和厨师玩捉迷藏呢?它们迷路了吗?

◎ 先生,真是对不起,让您的"胃"等急了。您的菜正在精心烹制中,我保证,它很快就会和您见面。

◎ 我希望我的菜不是在进行马拉松比赛,而是正在冲刺的短跑选手。

对答如流

◎ 先生，您的菜品正在加速制作中，很快就会为您送来。同时，为了弥补您的等待时间，我们愿意为您提供一份精致的小点心。

有事找一位朋友，但对方就是不接听电话，只好亲自找上门时

✗ 一般的沟通

◎ 你怎么回事？给你打这么多遍电话，你都不接？

✓ 高情商沟通

◎ 你可真难找，我给你打了100多个电话，打得我的手机都死机了……

◎ 很抱歉让您着急了，我一直在忙于处理其他业务，没有注意到您的来电。请问您有什么需要我帮助的吗？

◎ 当然有！我需要你帮我整理一下这个报告，我还有一些数据需要分析，但是我实在是没有时间了。

当别人请你唱歌，而你又不善于歌唱时

✗ 一般的沟通

◎ 抱歉，我不会唱歌。

✅ 高情商沟通

◎ 我五音不全,怕把你们吓跑了。

◎ 哈哈,你这话说得真是太谦虚了。音乐这东西,不就是为了给人们带来快乐吗?你唱得好不好听,其实并不重要。重要的是,你敢于尝试,敢于表达自己;重要的是,大家共同感受快乐。我觉得,这就是最动人的音乐。

◎ 好吧,那我就试试看。

在聚会上被人问及私生活时

❌ 一般的沟通

◎ 这个嘛,我还是不想多说了。

✅ 高情商沟通

◎ 哈哈,你对我的私生活这么感兴趣,是不是想写一本关于我的书啊?那我可得收点版税了。

◎ 版税当然可以给,不过你得先让咱们这本书卖出去才行啊。

对答如流

在超市购物被人不小心撞倒购物车时

✗ 一般的沟通

◎ 你小心点!

✓ 高情商沟通

◎ 看来我们的购物车也想来个亲密接触,没关系,它们现在已经和好了。

◎ 看来我们的购物车也有自己的小情绪,它们刚刚还在互相"较劲",现在却已经和好如初了。真是有趣!

幽默热身，消除冷状态

在电梯里遇到尴尬的沉默时

✗ 一般的沟通

◎ 这会怎么没人说话了。

✓ 高情商沟通

◎ 这电梯是不是也觉得我们太帅（太美）了，不好意思让我们相互对视呢？

◎ 哈哈，说不定是的，它也被我们的魅力所吸引，不好意思让我们在这么近的距离内相互欣赏呢。

在餐厅等待食物上桌，感到饥饿时

✗ 一般的沟通

◎ 好饿啊！什么时候才能上菜啊！

> 对答如流

✅ **高情商沟通**

◎ 看来我们的胃口比厨师的手速还要快，不过，饥饿也是一种享受，让我们更加期待美食的到来吧。

◎ 你说得对，美食的魅力就在于这种期待和惊喜。那么，让我们一起期待这道美食的到来吧，也许它会带给我们更多的惊喜和满足。

在餐厅等位感到无聊时

❌ **一般的沟通**

◎ 这会人真多，还得等多久啊！

✅ **高情商沟通**

◎ 在这等位的时间，就像是在等待一场美好的相遇，先让"手机"垫垫肚子吧。

当发现与某人穿着相同的衣服时

❌ **一般的沟通**

◎ 我们今天穿的衣服一样哦！

✅ **高情商沟通**

◎ 哈哈,看来我们今天是有缘人,连衣服都穿得一模一样。

◎ 确实,这样的巧合可不是每天都能遇到的。

在公共场合听到自己的手机铃声时

❌ **一般的沟通**

◎ 不好意思,我接个电话。

✅ **高情商沟通**

◎ 看来我的手机也想展示一下自己的好声音。

在电影院里听到旁边观众大声嚼口香糖时

❌ **一般的沟通**

◎ 喂,您嚼口香糖的声音有点大哦!

✅ **高情商沟通**

◎ 您的口香糖嚼得真有节奏,不过,电影的声音可能需要您的耳朵多多关注哦。

> 对答如流

在公共场合看到有人摔倒时

✗ 一般的沟通

◎ 没事吧？

✓ 高情商沟通

◎ 看来地板也想给你一个热情的拥抱，不过，我还是更擅长人类之间的拥抱。

在公交车上听到旁边的人打电话声音过大时

✗ 一般的沟通

◎ 朋友，能不能小点声打电话。

✓ 高情商沟通

◎ 您的电话声音有点大哦，看来您的朋友一定非常喜欢您的故事。

◎ 哈哈，是吗？我确实很喜欢跟他们分享我的故事，也许是声音不自觉地就提高了。

◎ 您的声音很有感染力，听起来就像一部热闹的电影。

当听到一则有趣的冷笑话时

⊗ 一般的沟通

◎ 这个笑话一点也不好笑。

✓ 高情商沟通

◎ 哈哈,这个笑话真是太冷了,我都需要穿件外套了!

◎ 不过,正是这种冷笑话才让人印象深刻,不是吗?

◎ 没错,冷笑话有时候就像冬天的寒风,虽然会感觉有点冷,却能让人精神一振。

在图书馆看到有人大声说话时

⊗ 一般的沟通

◎ 同学,图书馆里要安静,你不知道吗?不要影响到别人看书!

✓ 高情商沟通

◎ 哇,你们的声音有点大哦,我都误以为你们是在开演唱会呢!不过,请把音量调到"图书馆模式"哦!

◎ 你说得对,我们确实有点儿过于激动了。

💬 对答如流

在电影院里听到旁人的手机铃声响起时

❌ 一般的沟通

◎ 嗨,电影院里不要接打电话,会影响别人看电影。

✅ 高情商沟通

◎ 朋友,你的手机好像在召唤你呢,不如先出去接个电话,免得错过重要事情。

在咖啡厅看到有人把脚放在桌子上时

❌ 一般的沟通

◎ 嗨,桌子可不是放脚的地方!

✅ 高情商沟通

◎ (微笑着走向对方,轻松地说)您的脚似乎在享受一次独特的咖啡桌之旅。不过,或许我们可以考虑让桌子回归它的本职工作,为您的咖啡和点心提供一个舒适的平台。

在图书馆看到有人占座不坐时

❌ 一般的沟通

◎ 这个座位有人吗？我可以坐吗？

✓ 高情商沟通

◎ 这位同学，你是在用书本预热座位吗？还是你想让椅子感受一下有人坐和没人坐的差别？

在电梯里遇到陌生人一直盯着你看时

❌ 一般的沟通

◎ 您为什么一直盯着我看呢？难道我脸上有脏东西。

✓ 高情商沟通

◎ 哎呀，我知道我长得很帅，但也不用一直盯着看吧，我会害羞的！

◎ 别误会，我只是觉得你的笑容很特别，很能感染人。

掌握幽默沟通黄金法则，让你的人际关系更融洽

幽默，是人际交往中的一种"魔法调料"，能够给人际关系的佳肴增添无尽的滋味。当我们掌握了幽默沟通的黄金法则，就如同手握人际关系的魔法棒，能够轻松驾驭各种社交场合，为自己赢得更多的朋友和尊重。下面，我们将深入探讨自嘲自黑、换位思考、善意提醒这三个幽默沟通的关键要素，看看它们如何助力我们的人际交往。

自嘲自黑：展现自信与智慧

自嘲自黑是一种高级的幽默技巧，它要求我们能够以轻松的态度看待自己的不足和缺陷，甚至主动拿自己开涮，从而缓解紧张的氛围，拉近与他人的距离。这种幽默方式需要我们有足够的自信和智慧，敢于正视自己的短处，同时也能够展现出自己的包容和谦逊。

例如，在一次聚会上，你不小心打翻了酒杯，弄得一身狼

狈。这时，你可以以自嘲的口吻说："看来我今天是来给大家现场扮演'酒神'的！"这样的自嘲不仅可以让自己缓解尴尬，还能让周围的人感到你的亲切和幽默，从而更加愿意与你交往。同时，通过自嘲自黑，我们也能够传递出一种积极的生活态度，即勇于面对自己的不足，并愿意在笑声中改进和成长。

在工作和生活中，自嘲自黑也是一种非常有效的沟通方式。当我们在面对一些困难和挫折时，如果能够以自嘲的方式化解尴尬，不仅能够缓解紧张的氛围，还能够展现出自己的坚韧和乐观，让同事和家人们更加信任和尊重我们。

当然，自嘲自黑也需要适度，过度的自嘲或者自黑可能会让人觉得你有些自卑或者自大，反而会影响人际关系的和谐。因此，在运用这种幽默技巧时，我们需要根据具体情况和自己的性格特点进行适度的调整和控制，以达到最佳的沟通效果。

换位思考：理解他人，共鸣沟通

换位思考是幽默沟通中不可或缺的一环。在人际交往中，我们常常需要站在他人的角度思考问题，以更好地理解对方的感受和需求。通过换位思考，我们能够以幽默的方式回应对方，达到共鸣的效果，从而拉近彼此的距离。

例如，在与同事沟通时，如果你发现对方情绪低落，可以试着以幽默的方式询问："是不是今天的咖啡不够提神啊？"这样

对答如流

的幽默提问既表达了对同事的关心,又能缓解紧张的工作氛围,让沟通更加顺畅。通过换位思考,我们能够更好地理解他人的感受和需求,从而以更加贴心和幽默的方式与他人交往。

在家庭中,换位思考同样能够发挥巨大的作用。想象一下,你正在和爱人讨论家务分工的问题,而对方似乎对你提议的方案并不满意。这时,你可以试着站在对方的角度思考问题,用幽默的方式说出:"你是不是觉得我像超级英雄一样,能够长出三头六臂,承担所有家务?"这样的回应既展示了你的理解,又让对话变得轻松有趣,有助于化解潜在的矛盾。

在教育孩子方面,换位思考同样至关重要。当孩子因为失败而沮丧时,作为父母,我们可以尝试站在孩子的角度,用幽默的口吻说:"失败乃成功之母,你看,你现在已经离成功近了一步!"这样的回应既能够让孩子感受到我们的支持和理解,又能够以积极的心态引导他们面对挫折。

善意提醒:高情商的幽默表达

善意提醒是幽默沟通中一种高情商的表现。在指出他人问题或不足时,我们需要以友善和幽默的方式传达自己的建议或意见,避免直接冲突和尴尬。通过善意提醒,我们能够在保持和谐氛围的同时,帮助他人认识到自己的问题并改进。

例如,当朋友在公共场合大声喧哗时,你可以以幽默的口吻提醒他："哎呀，你的声音这么大，是不是想给大家表演一场'独唱音乐会'啊？"这样的善意提醒既让朋友意识到自己的问题，又不会让他感到尴尬或丢面子。通过善意提醒，我们能够以更加轻松和愉快的方式与他人交往，同时也能够展现出自己的高情商和幽默感。

想象一下，在办公室里，同事不小心把垃圾扔到了垃圾桶外面，一时间气氛有些尴尬。此时，你可以以幽默的方式提醒他："看来你的瞄准技能有待提高啊，下次记得瞄准垃圾桶哦！"这样的善意提醒不仅让同事意识到了自己的错误，还轻松地化解了尴尬的气氛，让双方都能够继续愉快地工作。

除了在工作中，善意提醒在家庭中也同样适用。当家人忘记关灯时，你可以调侃道："看来我们家有一位'夜猫子'，连灯都不舍得关！"这样的提醒既能够引起家人的注意，又能够增添家庭的欢乐气氛。

幽默沟通的黄金法则不仅仅是一种沟通技巧，更是一种人生态度。通过自嘲自黑、换位思考和善意提醒，我们能够以更加轻松、愉快的方式与他人交往，为自己的人际关系加分。同时，幽默还能帮助我们化解尴尬、缓解压力、增进理解，让我们的生活更加丰富多彩。因此，让我们不断学习和实践幽默沟通的技巧，成为人际交往中的佼佼者吧！在这个过程中，我们不仅能够收获更多的友谊和尊重，还能够不断提升自己的情商和沟通能力，成为更加优秀和成功的人。

对答如流

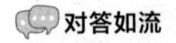

幽默沟通，让人际关系更融洽

自嘲自黑

哎呀，你看我这张嘴，真是不会说话，就像是刚从石头缝里蹦出来的孙悟空，没学会人话就先学会了惹人生气。别跟我一般见识啊！

你这自嘲的功夫真是练到家了，不过我可不会因此而生气。相反，我觉得你很有幽默感。

换位思考

哎呀，我刚才的话可能有点过了，如果换成是我，大概也会有些受不了。请原谅我的冲动，我们重新开始筹划项目吧。

你真是个善解人意的人，谢谢你的理解和包容。我相信，只要我们多换位思考，就能避免很多不必要的误会和冲突。

善意提醒

嘿，你这衣服穿反了，领子都在后面了。

哈哈，你真爱开玩笑！不过，谢谢你的提醒，我确实穿反了。我这就去换过来。

CHAPTER 4

第四章

展示优势,你的魅力是让人无法拒绝的说服力

展示自己的优势

当面试官让你聊聊自己的优点时

✗ 一般的沟通

◎ 我工作认真，努力勤奋，亲和力强，沟通能力也不错……

✓ 高情商沟通

◎ 不管是身体上，还是心灵上，我都有较强的抗压能力。不管是多么高强度的工作，还是多么苛刻的领导或者是非常高的要求，我都可以应对自如，不会"玻璃心"，不会半途而废，可以很好地应对工作上的各种情况。

◎ 我这个人比较灵活，不挑活。对于工作伙伴和工作内容，我都可以完全不挑，可以很好很快地适应各种环境。同时呢，我可以跟任何人合作，不会有性格上的冲突，可以很好地接受和处理分歧。在整个团队中，我觉得我自己就是一个灵活的串联者，什么情况下需要什么类型的人，我就可以把自己塑造成团队需要的人，以保证团队更好的运作。而这种灵活协作能力，也来源于我多年来应对不同突发状况的经验。

当面试官让你聊聊自己的缺点时

✗ 一般的沟通

◎ 我觉得自己有些过于追求完美，有时候会对自己的工作过于苛刻……

✓ 高情商沟通

◎ 我认为，我最大的缺点可能就是太过专注于工作，有时候会忽视与团队成员的交流与沟通。我意识到，作为一个团队的一员，除了个人的能力之外，更重要的是与团队的协作与配合。因此，我也在努力改进自己，多与团队成员交流，听取他们的意见和建议，以便更好地完成工作任务。

◎ 我认为，我的最大缺点就是太过投入工作，有时会忽略了与家人和朋友的相处时光。我承认，这是一个需要改进的地方，我正在学习如何平衡工作和生活，以便更好地照顾自己和身边的人。另外，我也意识到自己在决策时可能过于谨慎，有时会花费过多的时间来权衡各种利弊。我正在努力提高自己的决策速度，同时确保决策的质量和准确性。我始终认为，没有人是完美的，我们都有自己的优点和缺点。我希望能够通过不断地自我反省和

> 对答如流

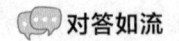

学习，让自己的优点更加突出，缺点得到改进。

当面试官问你遇到过的最大挑战时

⊗ 一般的沟通

◎ 我在大学的时候曾经尝试过创业，但是失败了。

✓ 高情商沟通

◎ 在大学期间，我曾经尝试过创业，并且也遭遇了失败。那是我人生中的一次巨大挑战，但我也从中学到了许多宝贵的经验和教训。我明白了创业不仅仅是一个商业计划或者一个想法，更多的是团队协作、市场洞察和执行力。虽然那次创业失败了，但我并不后悔，因为这次经历让我更加成熟和坚强。我相信，在未来的工作和生活中，无论遇到什么挑战，我都能够从中汲取力量，不断前进。

◎ 我认为我遇到过的最大挑战是在大学期间的创业经历。虽然最终创业失败了，但是这个过程让我学到了很多宝贵的经验和教训。我意识到创业不仅仅是要有一个好的想法和计划，更需要有坚定的决心、耐心和毅力，以及应对各种风险和困难的能力。在这个过程中，我也学会了如何更好地与团队合作，如何调整策略和应对变化。我相信这个经历对我未来的职业发展会有很大的帮助。

当面试官问你未来的职业规划时

✗ 一般的沟通

◎ 我希望能在公司里一步步晋升,最终成为高管。

✓ 高情商沟通

◎ 我对于自己的职业发展有一个清晰的认识和规划。在短期内,我希望能够在公司里不断学习和成长,通过不断提升自己的能力和业绩,逐渐晋升到更高的职位。同时,我也会关注公司内部的发展机会和市场需求,以便及时调整自己的职业规划。长远来看,我希望能够成为公司里的核心骨干,为公司的发展贡献自己的力量,并在职业生涯中取得更大的成就和突破。当然,我也明白职业规划不是一成不变的,我会根据实际情况和市场变化,不断调整自己的职业规划,以保持自己的竞争力和适应性。

◎ 我的长期职业目标是在这个领域内成为专家,并为公司做出卓越的贡献。短期内,我希望能够在这个岗位上深入学习和实践,不断提升自己的专业能力和领导力。同时,我也期待有机会参与更多的项目和挑战,拓宽自己的视野,提升实践能力。我相信通过持续的努力和成长,能够为公司带来更多的价值,并实现自己的职业目标。

对答如流

当面试官问你在团队中的角色时

⊗ 一般的沟通

◎ 我是团队成员之一,负责完成领导分配给我的任务。

✓ 高情商沟通

◎ 我在团队中通常发挥着沟通和协调的作用。我善于倾听他人的意见和想法,并能够将其整合到团队的决策中。同时,我也会在团队中分享自己的经验和知识,帮助团队成员更好地完成任务。我相信,一个好的团队成员不仅要有出色的个人能力,更要有良好的团队合作精神和协调能力。只有这样,我们才能够共同应对挑战,取得更好的成绩。

◎ 在团队中,我通常扮演着积极参与者和协调者的角色。我乐于主动承担责任,与团队成员紧密合作,共同完成任务。同时,我也善于倾听和理解他人的想法和意见,协调不同的观点和利益,促进团队的合作和协同。我相信通过有效的沟通和协作,我们可以共同实现团队的目标。

当面试官问你如何处理冲突时

❌ **一般的沟通**

◎ 我会尽量避免冲突，如果发生了，我会找当事人谈谈。

✓ **高情商沟通**

◎ 处理冲突是我工作中必不可少的一部分，我认为关键在于保持冷静和理智。当冲突发生时，我会首先尝试站在对方的角度去理解他们的立场和观点，这样有助于我更好地找到问题的症结所在。然后，我会主动与当事人进行沟通，听取他们的意见和建议，共同寻找解决方案。在沟通过程中，我会保持开放和包容的态度，尊重对方的意见，同时也会明确表达自己的看法和期望。最终，我们的目标是通过有效的沟通和合作，化解冲突，达成共识，推动工作的顺利进行。

◎ 我认为处理冲突是团队合作中不可或缺的一部分。当冲突发生时，我会首先保持冷静和客观，积极寻求解决问题的最佳方式。我会主动与当事人进行沟通，倾听他们的观点和意见，并尝试找到双方都能接受的解决方案。同时，我也会寻求第三方的帮助和支持，以确保冲突得到妥善处理。我相信通过积极的沟通和交流，我们可以共同解决冲突，促进团队的和谐与发展。

对答如流

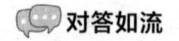

当面试官问你有什么业余爱好时

⊗ **一般的沟通**

◎ 我喜欢看电影。

✓ **高情商沟通**

◎ 业余时间,我热爱音乐和摄影。音乐能让我放松心情,同时也是我表达情感和思考生活的方式。摄影则是我捕捉美好瞬间、记录生活的方式。这些爱好不仅让我更加充实和快乐,也让我更加善于观察和发现生活中的美好。我相信,这些源自生活的体会对我的工作也会有所启发,让我拥有更多创意和灵感。同时,我也乐于与他人分享我的作品和感受,这也能让我更好地与他人交流和沟通。

◎ 我非常喜欢阅读和运动。阅读可以让我不断学习和拓展自己的知识面,而运动则有助于我保持身心健康和良好的精神状态。我相信,一个人的业余爱好也能反映出他的性格和价值观。我喜欢这些活动,因为它们能让我更好地放松自己,充实自己的生活,并且让我更加积极向上。

当面试官问你如何看待失败时

⊗ 一般的沟通

◎ 失败是成功之母。我从中可以吸取教训。

✓ 高情商沟通

◎ 在我看来,失败是通向成功道路上不可或缺的一部分。它教会我如何面对挫折,如何调整策略,以及如何更加坚韧不拔地追求目标。当遇到失败时,我会保持冷静和理智,分析失败的原因,并从中吸取教训。我相信,通过不断地学习和努力,我可以将失败转化为动力,实现自己的职业目标和梦想。

◎ 我认为,失败是成长和进步的重要契机。在面对失败时,我会保持积极的心态和冷静的头脑,从中汲取教训,反思自己的不足。同时,我也会寻求他人的意见和建议,以便更好地应对未来的挑战。我相信,通过不断地学习和努力,我能够克服工作过程中的各种困难,实现自己的职业目标。

善意的交谈让你更容易被人接受

当面试官问你离职原因时

✗ 一般的沟通

◎ 在那家公司没有前途。

◎ 那么怎么样才算有前途？

◎ 公司蒸蒸日上，个人才能不断得到提高和发展。

◎ 你们公司的产品在市场上的占有率名列前茅，员工收入也很高，这是有口皆碑的，怎么能说在这家公司没有前途呢？

✓ 高情商沟通

◎ 我离开上一家公司，主要是因为我觉得自己的职业发展到了一个瓶颈期，我需要一个新的环境和挑战来进一步提升自己的能力。同时，我也希望能够找到一个更加注重员工成长和发展的公司，让我能够持续学习和进步。我相信，贵公司是一个有着良好发展前景和历史底蕴的企业，能够为我提供更加广阔的舞台和更好的机会，让我实现自己的职业目标。

◎ 我以前的上司做事风格很稳，偏保守。我在团队里面能突破或者提升的空间很小。这三年，在专业领域我已经有了一定工作经验，也熟练掌握所需的技能。但还是希望有机会能继续拓宽自己的知识面，更上一层楼，所以目前想看看新的机会，找一个合适自己并且能长期发展的平台。

当面试官问你期望的薪资时

⊗ 一般的沟通

◎ 我希望能够拿到市场平均水平以上的薪资。

✓ 高情商沟通

◎ 我对薪资的期望是基于我的工作能力和经验，同时也考虑到市场水平和行业标准。我希望能够得到一个公平和合理的薪资，能够体现出我的价值和贡献。当然，我也明白薪资不是唯一的考量因素，我更看重的是公司的发展前景、团队的合作氛围以及个人的成长机会。

◎ 我期望的薪资是符合我的能力和经验水平，体现出市场竞争力的薪资。我相信，借助于我积累的经验和技能，我可以为公司带来更高的价值。同时，我也理解公司的薪资体系，愿意与公司共同协商，达成一个公平合理的薪资协议。

对答如流

当面试官表示需要考虑一下再给你答复时

⊗ 一般的沟通

◎ 好的，我等您的消息。

✓ 高情商沟通

◎ 非常感谢您今天给我这次面试的机会，也感谢您给我的建议。我深知选定员工是一个重要的决定，需要您仔细权衡和考虑。我非常期待能够成为贵公司的一员，为公司的发展和团队的合作贡献自己的力量。无论您如何决定，我都非常感激这次面试的机会，也祝您工作顺利，生活愉快。

◎ 非常感谢您的考虑。我理解您需要时间来评估我的能力和经验，再综合考虑公司的需求。我期待您的答复，并且愿意随时提供进一步的信息。再次感谢您给我这个机会。

当面试官告诉你通过面试的消息时

⊗ 一般的沟通

◎ 谢谢。

> ✓ 高情商沟通

◎ 这对我来说是个非常激动人心的消息。非常感谢您和整个团队对我的信任和认可。我深知这个职位的重要性，也理解我肩负的责任。我会全力以赴，为公司的发展贡献自己的力量。再次感谢您的信任和支持，我期待着在贵公司开启新的职业篇章。

◎ 非常感谢您给我这个机会，我非常期待能够成为公司的一员。我相信，凭借我的能力和经验，能够为公司创造更高的价值。同时，我也会全力以赴，为公司的发展贡献自己的力量。

当面试官告诉你未通过面试的消息时

> ✗ 一般的沟通

◎ 哦，好的，谢谢。

> ✓ 高情商沟通

◎ 虽然我感到有些失望，但还是要感谢您给我这次面试的机会。我理解公司的决定，也明白自己在某些方面可能还有所不足。我会继续努力提升自己的能力和素质，为未来的机会做好准备。再次感谢您和整个团队花费的时间和努力，祝您和贵公司一切顺利。

◎ 非常感谢您的真诚和坦率。我理解每个人都有自己的优点

对答如流

和不足，也许我并不是最适合这个职位的人选。不过，我仍然非常感谢您给我面试的机会，让我有机会展示自己的能力和经验。我会继续努力提升自己，寻找更适合自己的岗位。再次感谢您的坦承相告。

当面试官问你为什么选择这个岗位时

⊗ 一般的沟通

◎ 我觉得这个岗位和我的专业很对口。

✓ 高情商沟通

◎ 这个岗位的工作内容与我个人的兴趣和专业背景非常契合，我一直对这个领域充满好奇和热情。我认为，在这个岗位上，我可以充分发挥自己的专业知识和技能，为公司的发展贡献自己的力量。同时，我也期待通过这份工作，不断挑战自己，实现自我价值的提升。

◎ 首先，我对这个岗位的工作内容非常感兴趣，我一直以来都对××领域充满热情，并且也积累了一些相关的专业知识和经验。我相信在这个岗位上，我可以充分发挥自己的优势，为公司创造更多的价值。其次，我认为这个岗位的发展前景非常广阔，随着市场的不断扩大和技术的不断进步，我相信这个岗位会有更多的发展机会。最后，我也非常看重这个岗位所在部门的团队文化和氛围，我相信我可以很好地融入这个团队，与大家一起共同成长。

当面试官问你为什么选择他们公司时

> ⊗ **一般的沟通**

◎ 因为你们公司很有名。

> ✓ **高情商沟通**

◎ 我选择贵公司主要是因为我对贵公司的行业地位和业务发展非常看好。贵公司在行业内有着良好的声誉和口碑，同时也在不断创新和发展。我相信在这样的公司工作，我可以接触到更多的前沿技术和业务机会，不断提升自己的能力和水平。此外，我也非常欣赏贵公司的企业文化和价值观，我相信在这样的工作环境中，我可以更好地发挥自己的优势，实现个人和公司的共同发展。

◎ 首先，我对你们公司的行业地位和业务范围非常感兴趣，我认为你们是一家非常有发展前景和历史使命感的公司。其次，我对你们公司的文化和价值观非常认同，我相信这是一个注重员工成长和发展的公司，可以为我提供更多的机会和挑战。最后，我也非常看重你们公司的团队和领导，我相信自己可以在这个团队中学到更多的知识和技能，与大家一起共同成长。

对答如流

当面试官问你有什么想问的问题时

⊗ 一般的沟通

◎ 公司的工作时间是如何安排的？

✓ 高情商沟通

◎ 非常感谢您给我这个机会来进一步了解公司和这个岗位。我想了解一下，作为这个岗位的员工，在公司的发展中，我将面临哪些主要的挑战和机遇？同时，我也非常关心公司对于员工的培训和发展有哪些计划和支持，因为这对我来说是一个非常重要的考虑因素。最后，我想了解一下，这个岗位的主要职责和绩效指标是什么，以便我可以更好地为公司贡献自己的力量。

◎ 我非常想了解一下，公司对于员工的职业发展和培训计划是怎样的，我相信一个优秀的公司不仅仅能够提供好的工作环境和待遇，更能够为员工提供更多的成长机会和发展空间。

当面试官问你对加班的看法时

⊗ 一般的沟通

◎ 我觉得加班很正常，只要公司需要，我会尽力配合。

✓ 高情商沟通

◎ 加班确实是一种工作态度和奉献精神的体现，但我更看重的是工作效率和工作质量。我相信，只有在保证工作质量的前提下，加班才能真正发挥出其价值。同时，我也非常理解公司对于员工加班的考虑和安排，我会根据实际情况，合理调整自己的工作时间和状态，确保工作的顺利进行。

◎ 我认为，加班是工作中不可缺少的一部分，特别是在生产紧急或特殊情况下。我相信，公司安排加班是为了更好地完成工作任务和提高工作效率。在需要加班的时候，我会全力以赴，积极配合团队完成工作。同时，我也认为，合理安排工作时间和提高工作效率是避免不必要加班的关键。因此，我会在工作中努力提高自己的工作效率，争取在正常工作时间内完成工作任务。

掌握三招，让你的魅力无人阻挡

魅力，这个词汇仿佛拥有一种魔力，它让人们无法抗拒、无法忽视。魅力是一种独特的吸引力，它像磁石一样，吸引着人们的目光和心灵。无论在工作场合还是日常生活中，拥有魅力的人总是能够轻松地赢得他人的信任和尊重。那么，如何成为一个有魅力的人呢？下面，我将为你揭示三个简单而实用的技巧。

第一招：敢于亮剑

敢于亮剑是指在面对挑战和困难时，勇敢地展现自己的实力和能力，不畏缩、不退缩。这种勇气和决心能够让人们对你产生信任和尊重，认为你是一个敢于承担责任、敢于接受挑战的人。正如古人所言："勇者无惧，智者无惑。"敢于亮剑的人，往往能够赢得他人的敬佩和尊重。

那么，如何才是敢于亮剑呢？首先，你需要对自己的能力和实力有一个清晰的认识，知道自己的优势和劣势。只有了解自己，才能更好地发挥自己的长处，避免短处暴露无遗。其次，在面对挑战时，你需要勇敢地站出来，积极应对，展现自己的实力和能力。不要害怕失败，因为失败只是成功的前奏。最后，你需要不断学习和提升自己的能力，保持自己的竞争力，这样才能够在亮剑时更加自信和从容。

敢于亮剑，是一种积极的人生态度，也是一种优秀的品质。这种品质不仅可以在工作和学习中展现出来，更可以在生活中得到体现。在与人交往中，敢于亮剑的人能够坦诚地表达自己的观点和想法，不畏惧他人的质疑和批评。他们敢于面对问题，勇于承担责任，不推卸责任，不逃避困难。这样的品质让他们更加值得信赖和尊重。

然而，敢于亮剑并不意味着要一味地冲动和冒险。在亮剑之前，我们需要做好充分的准备和规划，确保自己的行动是有意义的、有价值的。我们需要评估自己的能力和实力，分析挑战的难度和风险，从而制定出合理的计划和策略。只有这样，我们才能在亮剑时更加从容和自信，取得更好的成果。

敢于亮剑，也需要有智慧和策略。在亮剑的过程中，我们不能仅仅依靠勇气和决心，还需要有清晰的头脑和灵活的思维。有时候，面对困难和挑战，我们需要采取不同的策略和方法，才能够取得最好的效果。敢于亮剑的人，不仅要有勇气和决心，还需要有智慧和策略，才能在复杂多变的环境中立于不败之地。

对答如流

敢于亮剑，也需要有自我反思和修正的能力。在亮剑的过程中，我们难免会遇到失败和挫折，这时候，我们需要及时反思自己的行为和决策，找出问题所在，及时修正和改进。只有这样，我们才能在亮剑的过程中不断成长和进步，不断提升自己的能力和实力。

只有敢于亮剑，我们才能在面对挑战和困难时更加从容和自信，赢得他人的敬佩和尊重，实现自己的人生价值。

第二招：积极倾听

积极倾听是指在与他人交流时，认真听取对方的意见和想法，给予对方充分的关注和尊重。这种倾听方式能够让人们感受到你的真诚和关心，从而建立起更加紧密的关系。当你认真倾听他人时，你不仅表达了对对方的尊重，还让对方感受到了你的真诚和关心。

那么，如何积极倾听呢？首先，你需要保持专注和耐心，不要打断对方的发言，让对方充分表达自己的想法。在倾听过程中，你可以通过点头、微笑等方式表达你的理解和认同。其次，你需要积极回应对方的发言，给予对方肯定和鼓励，让对方感受到你的关注和尊重。最后，你需要认真总结对方的发言，确保自己理解正确，避免出现误解和歧义。通过积极倾听，你不仅能够建立良好的人际关系，还能够为自己积累宝贵的知识和经验。

积极倾听的重要性不仅在于建立人际关系，更在于提升我们自身的沟通能力。当我们能够真正理解他人的观点和需求时，我们就能更准确地回应他们，更高效地解决问题。无论是在工作场所还是日常生活中，积极倾听都是一项不可或缺的技能。

在工作场所中，积极倾听能够帮助我们更好地理解同事、上级或客户的需求，从而为他们提供更有针对性的解决方案。这种能力不仅能够提高我们的工作效率，还能够增强我们在团队中的影响力。同时，积极倾听也是一种有效的反馈机制，让我们能够及时发现自己的不足并不断改进。

在日常生活中，积极倾听同样具有重要意义。无论是与家人、朋友还是陌生人交流，我们都需要给予对方充分的关注和尊重。通过积极倾听，我们能够更好地理解对方的想法和感受，从而为他们提供情感上的支持和帮助。这种能力不仅能够增强我们的人际交往能力，还能够提升我们的同理心和共情能力。

积极倾听是一种非常重要的技能，它能够帮助我们建立更好的人际关系，提高我们的沟通能力，并为我们积累宝贵的知识和经验。我们应该时刻保持专注和耐心，认真倾听他人的意见和想法，让沟通变得更加顺畅和有效。

第三招：巧妙回应

巧妙回应是指在与他人交流时，能够准确地理解对方的需求

对答如流

和想法，并给出恰当、有力的回应。这种回应方式能够让人们感受到你的聪明和机智，从而对你产生更多的好感和信任。正如一句俗语所说，"言多必失"，巧妙回应需要你在理解对方的基础上，用恰当的语言和方式给予回应，既能够解决问题，又能够维护良好的人际关系。

　　那么，如何巧妙回应呢？首先，你需要准确理解对方的需求和想法，避免出现误解和歧义。在回应之前，你可以先思考一下对方可能的意图和期望，这样能够更好地满足对方的需求。其次，你需要给出恰当、有力的回应，针对对方的问题和需求给出有效的解决方案和建议。在回应过程中，你可以运用一些幽默、机智的元素，让对话更加轻松愉快。最后，你需要注意语气和态度，保持友好和尊重，避免引起对方的反感和不满。通过巧妙回应，你不仅能够解决问题，还能够为自己赢得更多的信任和尊重。

　　巧妙回应是一种智慧的表现，它要求我们在交流中能够准确地捕捉对方的需求和意图，然后以一种富有创意和深度的方式作出回应。这样的回应不仅能够满足对方的需求，还能够展示我们的机智和才华，从而增强对方对我们的信任和尊重。

　　要想巧妙回应，我们需要具备敏锐的洞察力和丰富的知识储备。我们需要通过不断的学习和实践，积累各种知识和经验，以便在需要的时候能够迅速作出反应。同时，我们还需要具备灵活的思维和创新能力，能够根据不同的情境和需求，给出不同的回应方案。

在回应的过程中,我们还需要注意语气和态度。我们的回应不仅要符合逻辑和事实,还需要以一种友好和尊重的方式表达出来。这样不仅能够让对方感受到我们的专业素养和诚信,还能够增强我们与对方之间的沟通和理解。

巧妙回应是一种需要不断学习和实践的技能。通过不断提升自己的洞察力和知识储备,锻炼自己的思维和创新能力,我们就能够更好地应对各种复杂的交流场景,为自己赢得更多的信任和尊重。

总之,魅力是一种可以培养和提升的能力。只要你敢于亮剑、积极倾听、巧妙回应,就能够让自己的魅力吸引对方。同时,这些技巧也能够帮助你更好地与他人相处,建立良好的人际关系,从而在工作和生活中更加成功和幸福。让我们一起努力,成为一个有魅力的人吧!

对答如流

三招让你的魅力无人阻挡

第一招：敢于亮剑

> 我叫×××，我有着良好的人际交往能力，注重与他人的沟通与合作，擅长整合各种资源来实现目标……

> 请自我介绍一下。

第二招：积极倾听

> 你在团队中通常扮演什么角色？

> 在团队中，我不仅仅是一个执行者，更是一个倾听者和协调者……

第三招：巧妙回应

> 你对加班的看法如何？

> 我更注重的是如何在正常的工作时间内高效地完成工作，以便留出更多的时间用于自我提升。当然，如果有必要加班，我也会毫不犹豫地投入其中，因为我认为团队的利益高于一切。

CHAPTER 5

第五章

人人都爱被夸,赞美是开启聊天的万能钥匙

夸人要夸在点子上

赞美一位教师时

✗ 一般的沟通

◎ 您真是一位好老师。

✓ 高情商沟通

◎ ×××真不愧是您的得意门生啊!真是名师出高徒,他的书已经在全国畅销了。

赞美一位母亲时

✗ 一般的沟通

◎ 你真是教子有方啊!

✅ **高情商沟通**

◎ 你有福气啊，两个儿子都那么有出息。

赞美一位主持人的口才时

❌ **一般的沟通**

◎ 你的口才真棒！

✅ **高情商沟通**

◎ 你的口才棒极了，在上次那个联欢会上，你真是妙语连珠，而且你的唐诗朗诵很有全国著名主持人的风采啊！

赞美一位资深作家时

❌ **一般的沟通**

◎ 你真是个伟大的作家，大家都认为只有你的作品是最值得我们拜读和学习的。

✅ **高情商沟通**

◎ 先生的胡须可真是与众不同，很有品位，也很有魅力。

对答如流

赞美初次见面的人时

❌ 一般的沟通

◎ 你真是潇洒开朗!

✅ 高情商沟通

◎ 听说你潇洒开朗,以前是只闻其名,今天看来的确如此。

赞美自己的学妹时

❌ 一般的沟通

◎ 你的作业完成得很认真,思想有深度,让我刮目相看。

✅ 高情商沟通

◎ 咱们导师对我说了,说你的作业很认真,思想有深度,你是一个好苗子,导师也正是看中了你这一点,才认为你是个可造之才,所以别让他失望哦。

赞美你的同事时

⊗ 一般的沟通

◎ 听说你特别棒,今天一见果然如此。

✓ 高情商沟通

◎ 之前一直听说你工作能力很强,今天一见果然名不虚传。

赞美要具体

赞美上司的穿戴时

⊗ 一般的沟通

◎ 李总,你今天穿得真精神。

✓ 高情商沟通

◎ 李总,您今天的穿戴非常有品位,您的领带跟黑色西服搭配得很完美。

赞美一个正在努力的人时

⊗ 一般的沟通

◎ 你真努力啊!

> ✓ 高情商沟通

◎ 你的付出和努力我都看在眼里，你真的很有毅力，这种精神值得我学习。

赞美一位朋友的新发型时

> ✗ 一般的沟通

◎ 你的新发型真好看！

> ✓ 高情商沟通

◎ 你的新发型很适合你，让你显得更有活力和自信了。

赞美一位同事的演讲时

> ✗ 一般的沟通

◎ 你的演讲真好！

> ✓ 高情商沟通

◎ 你的演讲内容充实，逻辑清晰，而且你的表达方式也非常吸引人，真的很棒！

> 对答如流

当心仪的女生分享她的照片时

⊗ 一般的沟通

◎ 哇,你好漂亮啊!

✓ 高情商沟通

◎ 每次看到你的照片,都会被你的美丽所打动。你的笑容如此灿烂,眼神中充满了自信和魅力,真的让人难以抗拒。你的美丽不仅仅在于外表,更在于那份自信和魅力,让人无法忘怀。

当男生为女生做了一顿丰盛的晚餐时

⊗ 一般的沟通

◎ 谢谢你,晚餐很好吃。

✓ 高情商沟通

◎ 晚餐真的太好吃了,每一道菜都充满了你的用心和关怀。我能感受到你挑选食材和烹饪时的用心,以及为我做这顿饭的心意。真的很感谢你,让我感受到了家的温暖和幸福。

当老公夸赞老婆的妆容时

☒ 一般的沟通

◎ 你今天化妆了,真好看!

✓ 高情商沟通

◎ 老婆,你今天的妆容真的很精致,每一个细节都处理得恰到好处。你的眉毛修剪得很有型,眼影的颜色也很适合你,让人眼前一亮。你的美丽不仅仅在于外表,更在于那份自信和魅力,真的让人无法抗拒。我很幸运能够拥有你这么美丽的妻子。

当孩子取得进步时

☒ 一般的沟通

◎ 你这次做得不错。

✓ 高情商沟通

◎ 宝贝,我注意到你最近在阅读理解方面取得了很大的进步,这让我感到非常骄傲和欣慰。你的努力和坚持得到了回报,这是你自己努力的结果。我相信,只要你保持这种积极向上的态度,未来的学习一定会非常轻松。我会一直支持你,陪伴你走向更加美好的未来。

不同职业，不同夸法

赞美一位厨师时

⊗ 一般的沟通

◎ 这道菜做得真好吃！

✓ 高情商沟通

◎ 你的烹饪技艺非常高超，这道菜的味道、色泽和口感都让人难以忘怀，你真是一位了不起的厨师。

赞美一位运动员时

⊗ 一般的沟通

◎ 你真的很棒！

> ✓ 高情商沟通

◎ 你在比赛中的表现让人惊叹，你的技术和毅力都非同一般，是一位真正的运动健将。

赞美一位志愿者时

> ✗ 一般的沟通

◎ 你真的很无私，做了那么多志愿活动。

> ✓ 高情商沟通

◎ 你的无私奉献和热心公益的精神让我深受感动。你所做的每一份努力都在为社会增添正能量，你是我们社区的骄傲。

赞美一位主持人的主持风格时

> ✗ 一般的沟通

◎ 你主持得真好！

> ✓ 高情商沟通

◎ 你的主持风格既亲切又专业，无论是掌控全场的能力，还是与嘉宾的互动，都展现出你的专业素养和人格魅力。

对答如流

赞美一位音乐家的演奏时

☒ 一般的沟通

◎ 你演奏得真好!

☑ 高情商沟通

◎ 你的演奏让人陶醉,每一个音符都充满了情感和生命力,你的才华和技艺让人叹服。

赞美一位老师的敬业精神时

☒ 一般的沟通

◎ 你真是一位敬业的老师。

☑ 高情商沟通

◎ 你对教育的热爱和投入,对学生的关心和负责,都让人深受感动。你是一位值得我们学习和尊敬的好老师。

赞美一位演员的表演时

❌ 一般的沟通

◎ 你的表演真好!

✅ 高情商沟通

◎ 你的表演让人身临其境,每一个细节都处理得恰到好处,你的才华和专业精神让人佩服。

赞美一位设计师的作品时

❌ 一般的沟通

◎ 你的设计作品真好看!

✅ 高情商沟通

◎ 你的作品很有创意和个性,你的设计理念和审美观点都让人深受启发,真是一位优秀的设计师。

对答如流

赞美一位摄影师的作品时

❌ 一般的沟通

◎ 你的照片拍得很好!

✓ 高情商沟通

◎ 你的摄影作品很有艺术感,每一张照片都捕捉到了独特的瞬间和细节,你的观察力和技巧让人佩服。

赞美一位作家的文字时

❌ 一般的沟通

◎ 你的文字真的很美。

✓ 高情商沟通

◎ 你的文字如同清泉般流淌,每一个字句都充满了情感和智慧,你的作品让人深受启发和感动。

赞美一位作家的故事情节构思时

⊗ 一般的沟通

◎ 你的故事情节很吸引人。

✓ 高情商沟通

◎ 你的故事情节构思巧妙,每一个转折都让人意想不到,你的想象力和文字表现力让人惊叹,我非常期待你的下一部作品。

赞美一位作家的创作才华时

⊗ 一般的沟通

◎ 你真的很会写东西。

✓ 高情商沟通

◎ 你的创作才华让人叹服,每一篇文章都充满了独特的思考和深邃的见解,你的文字总能触动人心,让人深受启发。

> 对答如流

赞美一位舞者的舞蹈时

❌ 一般的沟通

◎ 你跳得真好!

✓ 高情商沟通

◎ 你的舞蹈如同诗一般美丽,每一个动作都充满了力量和韵律,你的才华和艺术表现力让人佩服。

赞美一位旅行家的探险精神时

❌ 一般的沟通

◎ 你真的很勇敢,去了那么多地方。

✓ 高情商沟通

◎ 你对未知世界的探索精神和勇气让我们每一个人都很敬佩,你的旅行经历不仅丰富了自己的人生,也给我们带来了无尽的惊喜和启发。

赞美一位创业者的创新精神时

☒ 一般的沟通

◎ 你真的很有创新精神。

✓ 高情商沟通

◎ 你的创新思维和敢于尝试的精神让人佩服,你的创业故事让我们深受鼓舞和启发,你真是我们的榜样。

赞美一位园丁的花园时

☒ 一般的沟通

◎ 你的花园真美!

✓ 高情商沟通

◎ 你的花园真的是一片生机盎然的乐土,每一朵花、每一株草都经过你的精心照料,你的耐心和热爱让人敬佩。

💬 对答如流

赞美一位画家的作品时

❌ 一般的沟通

◎ 你的画真好看！

✓ 高情商沟通

◎ 你的画作充满了独特的艺术气息，每一笔、每一划都充满情感，意境深远，你的才华和创造力让人惊叹。

赞美一位程序员的编程能力时

❌ 一般的沟通

◎ 你的编程能力真强！

✓ 高情商沟通

◎ 你的编程能力让我们非常佩服，无论是代码的清晰度、编写效率，还是解决问题的速度，都展现出你的专业素养和扎实的技术功底。

赞美一位演讲者的台风时

✗ 一般的沟通

◎ 你的台风真好!

✓ 高情商沟通

◎ 你的台风自然大方,无论是对声音的掌控,还是肢体语言的表达,都让人感受到你的自信和从容,我非常佩服你的演讲技巧。

赞美一位烘焙师的技巧时

✗ 一般的沟通

◎ 你烤的蛋糕真好吃!

✓ 高情商沟通

◎ 你的烘焙技巧让人佩服,每一个细节都处理得恰到好处,无论是口感还是外观,都展现出你的专业水准和用心。

对答如流

赞美一位家庭主妇的持家能力时

⊗ 一般的沟通

◎ 你真的很会持家。

✓ 高情商沟通

◎ 你的持家能力让大家都很佩服，无论是家务事项的安排，还是对家人的照顾，都展现出你的细心和责任心，你是整个家庭的坚强后盾。

赞美一位时尚达人的穿搭风格时

⊗ 一般的沟通

◎ 你的衣服真好看！

✓ 高情商沟通

◎ 你的穿搭风格很有个人特色，每一套服装都展现出你的独特气质和品位，你不愧是时尚达人。

赞美一位心理咨询师的专业素养时

⊗ 一般的沟通

◎ 你真的很会安慰人。

✓ 高情商沟通

◎ 你的专业素养和倾听能力让人由衷信任,你的建议和引导都充满了智慧和温暖,感谢你为我带来的帮助和支持。

赞美一位理发师的发型设计能力时

⊗ 一般的沟通

◎ 你剪的头发真好看!

✓ 高情商沟通

◎ 你的发型设计很有创意和个性,每一次剪发都让我感到非常满意和惊喜,你的专业技巧和审美观点让人佩服。

> 对答如流

赞美一位调酒师的调酒技巧时

⊗ 一般的沟通

◎ 你调的酒真好喝!

✓ 高情商沟通

◎ 你的调酒技巧让人惊叹,你精心调制的每一杯鸡尾酒都充满了创意和美味,你的用心和技艺让我们享受到了独特的味觉体验,非常感谢你。

赞美一位艺术家的创作时

⊗ 一般的沟通

◎ 你的作品真好看!

✓ 高情商沟通

◎ 你的创作充满了吸引力和创意,每一幅作品都展现出你的独特视角和内心情感,你的才华和创造力让人佩服。

让赞美的话自然流露的法宝

在人际交往中，赞美拥有一种独特的魔力，它能够化解陌生与隔阂，为友情与合作播下种子。但如何才能让赞美的话语如清泉般自然流淌，而不是生硬或空洞的辞藻堆砌呢？答案就藏在真诚、细致与内外兼备的赞美之中。

法宝一：用真诚的心去由衷地赞美对方

真诚是赞美的基石。只有真心实意地感受到对方的优点或成就，赞美才能散发出它应有的光芒。因此，在聊天中，我们要像捕捉田野清晨的露珠一般，细心地寻找对方的亮点。这可能是一个深刻的见解、一个勇敢的行动，或者是一种独特的人格魅力。当找到这些亮点时，用你真实的情感去赞美对方，让对方感受到你的真诚与欣赏。

当我们真诚地赞美他人时，我们不仅让对方感到愉悦，还在无形中强化了彼此之间的信任和尊重。赞美如同温暖的阳光，照亮了人们心中的美好，激发了他人的自信与潜力。这样的赞美不仅有助于人际关系的和谐，更能激发团队的凝聚力和创造力。

在赞美他人时，我们要避免空洞的套话和敷衍的言辞。空洞的赞美往往缺乏诚意，容易让人怀疑。相反，我们应该用具体的事例来支撑我们的赞美，让对方感受到我们的真诚和用心。例如，我们可以说："你在那个项目中的表现很出色，你的创新思维和解决问题的能力让我们都受益匪浅。"这样的赞美不仅真诚，而且具体，更能让对方感受到我们的欣赏和尊重。

此外，我们还要学会在合适的时机和场合赞美他人。在对方取得成就、付出努力或面临困难时，要给予他们及时的赞美和鼓励，这样能够让他们感受到我们的关心和支持。同时，我们也要注意赞美的方式和语气，确保我们的赞美让对方感到非常舒适和易于接受。

在聊天中，我们要学会细心地寻找对方的亮点，用真实的情感去赞美他们。这样的赞美不仅能够让对方感到愉悦和自信，还能促进人际关系的和谐和团队的凝聚力。让我们都成为擅长赞美的人，让真诚的赞美成为我们人际交往中最美丽的语言。

法宝二：在细节之处表达赞美

赞美不需要大而全，有时夸赞一个小细节、小改变，就能让人心花怒放。比如，你可以注意到对方今天穿了一件特别漂亮的衣服，或者他的发型看起来充满活力。这样的赞美不仅具体且细致，还能让对方感受到你的关注与细心。同时，通过赞美细节，也能为聊天增添更多的趣味与深度。

再比如，当朋友分享他们的旅行经历时，你可以赞美他们拍摄的照片中的某个特别之处，或者询问他们在旅途中遇到的有趣故事。这样的回应不仅让对方感到被认可，还能激发他们分享更多精彩的故事。同样，当同事在工作中取得了好成绩，你可以提到他们在项目中展现出的某个具体优点，比如细致入微的工作态度或独特的创新思维。这样的赞美不仅能够增强团队的凝聚力，还能激发大家更积极地投入工作中。

在日常生活中，赞美也可以是一种温暖的力量。当你看到家人为你准备了一桌丰盛的晚餐，你可以表达对他们厨艺的赞赏；当你看到孩子努力完成了作业，你可以称赞他们的进步和勤奋。这些看似微不足道的赞美，却能在点滴之间传递出你对家人的爱与关心。

赞美是一种美好的交流方式，它不仅能够增进人与人之间的感情，还能为生活增添更多的色彩。而关注细节、发现他人的闪光点，则是赞美的基础。让我们从现在开始，用赞美点亮生活的每一个角落，让彼此的心灵更加美好与温暖。

对答如流

法宝三：从外在到内在，全面赞美对方

赞美不仅仅是对对方外在形象的肯定，更应该深入其内心世界，去发掘他们那些无法用言语表达的美好。在聊天中，我们可以通过提问、倾听等方式，了解对方的价值观、兴趣爱好、人生经历等。当对方分享他们的故事、观点或感受时，我们要像探险家一样，去寻找那些隐藏在字里行间的宝藏。这些宝藏可能是对方的智慧、勇气、善良或坚韧。当我们找到这些宝藏时，要用你最真挚的语言去赞美对方，让对方感受到你的敬意与欣赏。

赞美是一种艺术，它需要细心、耐心和敏锐的观察力。我们不能仅仅停留在表面的赞美，因为那只是敷衍和空洞的恭维。真正的赞美是对对方独特之处和内在价值的认同，它能让对方感受到被理解和被尊重。

在聊天中，我们应该像探险家一样，带着好奇心和敬畏之心去探索对方的内心世界。通过提问和倾听，我们可以逐渐了解对方的价值观、兴趣爱好和人生经历。这些元素构成了对方独特的个性和魅力，也是我们赞美对方的依据。

赞美不仅可以提升对方的自信心和幸福感，还能拉近彼此之间的距离。当我们真诚地赞美对方时，对方会感受到我们的善意和关心，从而更加愿意与我们分享他们的内心世界。这样的交流不仅能够增进彼此的了解和信任，还能让我们在人生的道路上收

获更多的友谊和支持。

让我们在聊天中用心去发掘对方的宝藏，用真挚的赞美去表达我们的敬意和欣赏。这样的交流方式不仅能够让我们更加了解对方，还能让我们的生活更加美好和充实。

总之，在聊天中让赞美的话自然流露并不是一件难事。只要我们用真诚的心去感受对方的美好，用细致的眼光去发现对方的亮点，用全面的视角去赞美对方的内在品质，那么赞美就会如同春风拂面般自然、温暖而美好。这样的赞美不仅能够增进彼此的关系，营造和谐的聊天氛围，还能让对方在心灵深处感受到一种被认同、被尊重的喜悦与满足。

对答如流

让赞美的话自然流露

由衷地赞美对方

亲爱的,你今天看起来特别美。

哦?真的吗?哪里美?

夸在细枝末节中

嗯,你的笑容特别灿烂,眼睛里闪烁着幸福的光芒,让人觉得特别温暖。还有,你今天的穿搭也很好看,这件衣服非常适合你,衬托出了你的气质。

哈哈,你这么说,我都要脸红了。

由外而内地赞美

谢谢你这么细心地观察我,还说出这么暖心的话。

亲爱的,你知道吗?我由衷地赞美你,是因为你真的很美,而且你的美丽不仅仅是外表,更是内在的品质和气质。

CHAPTER 6

第六章

开口让人爱听,销售如何说顾客才会听

不同对象，不同推销方法

向一位男士推销中学生游戏卡时

✗ 一般的沟通

◎ 先生，您的孩子需要游戏卡吗？这是专门针对中学生设计的。

◎ 什么游戏？孩子都上中学了，哪敢让他玩游戏呢？

✓ 高情商沟通

◎ 先生，中学是最需要开发智力的时候，而我们公司开发的游戏卡对您孩子的智力提高一定有很大的帮助。

◎ 我们不需要什么游戏卡。孩子都上中学了，哪敢让他玩游戏呢？

◎ 这个游戏卡是专门针对中学生设计的益智游戏，它把游戏与数学、英语结合在一起，绝不是一般的游戏。

◎ 游戏与学习结合在一起？

◎ 对，现在是知识爆炸的时代，不再像我们以前那样只是从书本上学知识就行了。您不要以为玩游戏会影响学习，以为这个游戏卡是害孩子的，游戏卡设计得好也可以成为孩子学习的重要工具。

◎ 想法倒不错。

◎ 现在的孩子真幸福，一生下来就处在一个开放的环境中。家长们为了孩子的全面发展，往往投入了很大的精力。刚才有好几位家长都订购了这种游戏卡，家长们都很高兴能有这种既能激发孩子学习兴趣，又使家长不再为孩子玩游戏而烦恼的产品，还希望以后有更多的系列产品呢！

◎ 好，那我看一下产品。

向一位女士推销时尚手表时

✗ 一般的沟通

◎ 这位女士，你看看这款时尚手表，很适合你。

◎ 我已经有一块手表了，不需要再买了。

✓ 高情商沟通

◎ 这位女士您好，我注意到您非常注重自己的形象和气质，这款时尚手表与您的品位非常相符，它不仅可以作为您日常穿搭的点缀，还可以展现您的个性和魅力。

◎ 我已经有一块手表了，不需要再买了。

◎ 对答如流

◎ 是的，我明白您已经有一块手表了。但是，时尚是一个不断变化的领域，每一款手表都有其独特的设计和意义。这款手表采用了最新的设计理念和工艺，非常符合现代女性的审美需求。而且，它的功能也非常实用，可以满足您在不同场合的需求。

◎ 听起来还不错，但我需要考虑一下。

◎ 当然，购买任何一款产品都需要慎重考虑。不过，我相信您一定会喜欢这款手表的设计和功能。而且，我们现在还有限时优惠活动，如果您现在下单，还可以享受一定的折扣优惠。

◎ 好的，那我先了解一下这款手表的详细信息。

向一位年轻人推销健身卡时

❌ 一般的沟通

◎ 小伙子，来办张健身卡吧，对身体有好处。

◎ 我没时间健身。

✓ 高情商沟通

◎ 小伙子，我理解你可能觉得平时工作很紧张，但健身其实是一种很好的放松方式，也能帮助你保持健康和活力。

◎ 我没时间健身。

◎ 我明白，时间确实是个问题。但你知道吗，其实每天只需要抽出30分钟进行锻炼，就能让你感到精力充沛，从而提高工作效率。而且，我们的健身房设备齐全，还有专业的教练指导，能确保你的锻炼效果。

◎ 听起来还不错，但我真的没时间。

◎ 没关系，我理解你的顾虑。其实，你可以考虑办一张我们的月卡或季卡，这样你就可以根据自己的时间安排来健身。而且，我们的健身房还提供团课和私教服务，你可以根据自己的需求选择适合的课程。

◎ 好的，那我考虑一下。

◎ 当然，选择健身是一个非常重要的决定。我相信，只要你开始尝试，一定会发现健身带来的好处。如果你有任何疑问或需要更多信息，随时都可以联系我们。

向一位家庭主妇推销智能家居产品时

⊗ 一般的沟通

◎ 这位女士您好，看看这款智能家居产品，很方便。

◎ 我已经有很多家电了，不需要再买。

✓ 高情商沟通

◎ 这位女士您好，我注意到您非常注重家庭生活品质，这款智能家居产品可以帮助您更轻松地管理家务，提高生活效率。

◎ 我已经有很多家电了，不需要再买。

对答如流

◎ 是的,我明白您家里已经有很多家电了,但是这款智能家居产品不同于传统的家电,它采用了先进的技术,可以实现智能化控制和远程管理,让您的生活更加便捷和舒适。

◎ 听起来还不错,但我需要考虑一下。

◎ 当然,购买任何一款产品都需要慎重考虑。不过,我相信您一定会喜欢这款智能家居产品带来的便利和舒适。而且,我们现在还有优惠活动,如果您现在下单,还可以享受一定的折扣优惠。

◎ 好的,那我先了解一下这款产品的详细信息。

向一位企业家推销高端商务车时

⊗ 一般的沟通

◎ 老板,看看这款高端商务车,很适合您。

◎ 我已经有司机了,不需要再买车。

✓ 高情商沟通

◎ 老板,我注意到您非常注重企业形象和商务出行品质,这款高端商务车不仅代表着您的身份和地位,还能为您的商务出行提供更加舒适和安全的保障。

◎ 我已经有司机了,不需要再买车。

◎ 是的,我明白您已经有司机了,但是这款高端商务车不仅配备了先进的驾驶辅助系统和安全配置,还能为您提供更加舒适和豪华的乘坐体验。无论是接送重要客户还是参加商务会议,这款商务车都能让您更加从容和自信。

◎ 听起来还不错,但我需要考虑一下。

◎ 当然,购买一款高端商务车是一个重要的决策。我相信,您一定会欣赏这款商务车的卓越品质和出色性能。而且,我们现在还有限时优惠活动,如果您现在下单,还可以享受一定的折扣优惠。

◎ 好的,那我先了解一下这款商务车的详细信息。

向一位大学生推销学习资料时

⊗ 一般的沟通

◎ 同学,来看看这本学习资料,很有用。

◎ 我已经有很多资料了,不需要再买了。

✓ 高情商沟通

◎ 同学,我理解你可能觉得学习资料已经够多了,但是这本资料介绍了独特的学习方法和技巧,可以帮助你实现高效学习。

◎ 我已经有很多资料了,不需要再买。

◎ 是的,我明白你已经有很多学习资料了,但是这本资料不同于其他的资料,它更加注重知识点的串联和实际应用,能够帮

对答如流

助你更好地理解和掌握学习内容。而且，它还有丰富的例题和练习题，可以帮助你巩固所学知识。

◎ 听起来还不错，但我需要考虑一下。

◎ 当然，选择适合自己的学习资料是非常重要的。我相信，如果你翻看一下这本资料，一定会发现它的独特之处。如果你有任何疑问或需要更多信息，随时都可以联系我们。

◎ 好的，那我先了解一下这本资料的详细信息。

向一位女士推销绿色食品时

❌ 一般的沟通

◎ 这位女士，您需要一款好用的芦荟精吗？它是从芦荟中提取的，对身体特别好。

◎ 多少钱一瓶呢？

◎ 800元。

◎ 太贵了，不感兴趣。

✅ 高情商沟通

◎ 好漂亮的盆栽啊！平常似乎很少见到。

◎ 确实很罕见。这种植物叫嘉德里亚，属于兰花的一种，它的美，在于那种优雅的风情。

◎ 的确如此。一定很贵吧？

◎ 当然了，这盆兰花要800元呢！

◎ 您这么喜欢兰花，一定对植物很有研究。我们的产品正是从植物里提取的精华，是纯粹的绿色食品。我相信，如果您能长期食用绿色食品，一定会有兰花一样的高贵优雅的气质。

当暖气配件推销员拜访一位批发商时

⊗ **一般的沟通**

◎ 先生，您需要暖气配件吗？

✓ **高情商沟通**

◎ 先生，我今天不是来推销东西，是来请您帮忙的，不知您有没有时间和我谈一谈？

◎ 嗯……好吧，什么事？快点说。

◎ 我们公司想在××地开一家新公司，而您对那地方特别了解，因此我来请您帮忙指点一下，不知道您有没有时间？

当推销员接到一家单位提出的订单需求时

⊗ **一般的沟通**

◎ 您好，是您打电话说要订购一台传真机吗？

对答如流

◎ 是的，公司业务需要，所以想要一台。

◎ 您需要什么型号的？或者以前用的是什么型号？

◎ 以前没有用过，这是第一次买，明白我的意思吗？

◎ 噢，不好意思，我能问一下，贵公司为什么不通过电子邮件等方式发送文件呢？

◎ 接收我们公司邮件的客户大部分都是老资格的企业，他们的经营理念和办事风格虽不能说墨守成规，但也基本都是比较保守的，比如都喜欢用传真机收发文件等。但有什么办法呢？他们是我们的上帝，我们有责任满足对方的需求。而且买传真机的事是经过几个同事商量后得出的结论，买就买吧。

✓ 高情商沟通

◎ 我看得出来，您并不是非常情愿购买传统传真机，而是更倾向于用电子邮件等方式发送文件，对吗？

◎ 谁说不是呢？我也想过了，收发传真也不是经常有的事，只是有时碰到了特定客户就发一些，接收传真的第一人也不是老板而是文秘。唉，但是没办法，都已经这么定了，你还是给我介绍一下产品的具体情况吧。

◎ 刘小姐，既然买传真机的事情不是公司的明显需求，我看也不必非得买。您不妨试试其他的产品？

◎ 你是指什么？

◎ 这是一套电脑传真软件，它的优势是自动安装，传送文件准确率高、速度快。价钱还非常便宜，您不妨试试这个。

◎ 哦，是吗？那你给我详细介绍一下吧。

向一位健身爱好者推销健身器材时

✗ 一般的沟通

◎ 先生，看看这款健身器材，非常适合您。

◎ 我已经有很多器材了，不需要再买。

✓ 高情商沟通

◎ 先生，我注意到您非常注重健身和身材管理，已经拥有很多健身器材。但是，这款健身器材采用了最新的科技材料和设计，能够提供更加全面和高效的健身功能。

◎ 我已经有很多器材了，不需要再买。

◎ 我明白您已经有很多器材了，但是这款健身器材不同于其他的器材，它结合了多种健身功能于一体，可以帮助您更加全面地锻炼身体的各个部位。而且，它的操作非常简单，即使是没有健身经验的人也可以轻松上手。

◎ 听起来还不错，但我需要考虑一下。

◎ 当然，像您这样的资深人士购买健身器材肯定要全方位对比。我相信，如果您尝试一下这款器材，一定会发现它的独特之处。如果您有任何疑问或需要更多信息，随时都可以联系我们。

> 对答如流

◎ 好的，那我先了解一下这款器材的详细信息。

向一位家长推销儿童玩具时

❌ 一般的沟通

◎ 这位家长您好，看看这个玩具，很适合您的孩子。

◎ 我的孩子已经有很多玩具了，不需要再买。

✓ 高情商沟通

◎ 家长您好，我注意到您非常关心孩子的成长和娱乐，已经为孩子购买了很多玩具。但是，这款儿童玩具采用了环保材料制作，不仅安全无毒，还富有趣味性和教育性。

◎ 我孩子已经有很多玩具了，不需要再买。

◎ 我明白您的孩子已经有很多玩具了，但是这款玩具不同于其他的玩具，它可以帮助孩子锻炼动手能力、思维能力和创造力。而且，它还可以与孩子互动，让孩子在游戏中更加开心和快乐。

◎ 听起来还不错，但我需要考虑一下。

◎ 当然，给孩子购买玩具肯定需要慎重选择。我相信，如果您让孩子尝试一下这款玩具，一定会发现它的独特之处。如果您有任何疑问或需要更多信息，随时都可以联系我们。

◎ 好的，那我先了解一下这款玩具的详细信息。

在不同行业，销售有话说

当电脑推销员遇到客户时

❌ 一般的沟通

◎ 先生您好，这里是国际知名IT品牌××个人终端服务中心，我们在搞一个调研活动，您可以回答两个问题吗？

◎ 请讲。

◎ 您使用电脑的时间长吗？

◎ 是的，用了好几年了。

◎ 您用的是什么电脑？

◎ 台式机和笔记本电脑都用。

◎ 我们的笔记本电脑最近在搞促销活动，您是否有兴趣了解一下？

◎ 您不是搞调研，而是在促销笔记本电脑吧？

◎ 是的，但又不完全是。

◎ 对不起，我现在的笔记本用得很好，还没有更换的必要。

对答如流

◎ 可是这次机会很难得，您可以再考虑……

✓ 高情商沟通

◎ 先生您好，我是国际知名IT品牌××个人终端服务中心的客服专员，您一定想问我是怎么知道您的电话的吧？

◎ 您有什么事情？

◎ 我们的数据库中有您的记录，您对笔记本电脑特别有研究，属于资深用户。

◎ 您到底有什么事情？

◎ 我们打这个电话就是想征求您的意见，如果对现在使用的笔记本电脑有一些不是特别满意的地方，就告诉我们，我们会向您提供一些奖品，因为我们特别需要像您这样的笔记本电脑方面的专家帮助我们改进产品性能。

◎ 噢，这样呀。请问您贵姓？

◎ 我是××的王丽娜，为了节省您富贵的时间，您可以三言两语随便说一下，我记录下来，然后就可以参加评比抽奖了。您如果现在没有时间，我们换一个时间也行，您看呢？

当保险推销员遇到客户时

✗ 一般的沟通

◎ 先生，您好！我是人寿保险公司的威廉。

◎ 你是我今天所见到的第三位推销员,你看到我桌子上堆了多少文件了吗?要是我整天坐这里听你们推销员吹牛,什么事情也别想办了,所以我求你帮帮忙,不要再做无谓的推销啦,我实在没有时间跟你谈什么保险!

◎ 您放心,我只占用您一会儿的时间就走,我来这里只是希望认识您,如果可能的话,想跟您约个时间,向您详细介绍一下我们的产品,再过一两天也可以,您看早上还是下午好呢?我们的见面大约20分钟就够了。

◎ 我再告诉你一次,我没有时间接待你们这些推销员!

✓ 高情商沟通

◎ 先生,这都是贵公司的产品吗?

◎ 不错。

◎ 先生,您在这个行业干了多长时间啦?

◎ 哦……大概有二三十年了!

◎ 您当初是怎么进入这一行的呢?

◎ 说来话长了,我17岁时就进了约翰·杜维公司,那时真是为他们卖命似的工作了10年,可是到头来只不过混到一个部门主管,还得看别人的脸色行事,所以我下了狠心,想办法自己创业。

◎ 请问您是本地人吗?

◎ 不是,我是瑞士人。

◎ 那就更不简单了，我猜想您年纪很小时就移民来到美国了，是吗？

◎ 我14岁就离开瑞士，先在德国待了一段时间，然后决定到新大陆来打天下。

◎ 真是一个精彩的传奇故事，您建立了这么大的一座工厂，当初一定筹措了不少资金吧？

◎ 资金？哪里来的资金！我当初开创事业的时候，口袋里只有300美元，但令人高兴的是，我的公司目前已经有几百万美元的固定资产了。

◎ 冒昧地问一下，要做这种油桶，一定要靠特别先进的技术，要是能看看工厂里的生产过程一定很有趣。您能否带我参观一下您的工厂呢？

◎ 没问题。

当汽车销售员遇到客户时

✖ 一般的沟通

◎ 先生，您想买一辆新车吗？我们这里有很多车型供您选择。

◎ 嗯，我正在考虑。

◎ 您更偏向于哪种类型的车？比如轿车、SUV还是跑车？

◎ 我还在考虑。

◎ 那您的预算大概是多少呢？

◎ 我也还在考虑。

◎ 哦，那您什么时候能做决定呢？

◎ 再说吧。

✓ 高情商沟通

◎ 先生，看来您正在考虑购买一辆新车，能跟我分享一下您的用车需求吗？

◎ 嗯，我想换辆车，但还没决定要哪种。

◎ 理解。您觉得一辆新车最重要的是什么？是舒适性、燃油效率、动力性能，还是其他方面？

◎ 其实我最关心的是安全和可靠性。

◎ 明白了。我们这里有几款车在安全性能和可靠性方面表现非常出色，我可以为您详细介绍一下。

◎ 好的，那你给我讲讲吧。

◎ 当然，除了安全和可靠性，您是否还考虑其他因素，比如内饰、外观或者品牌口碑？

◎ 内饰也很重要，我不太喜欢那种过于花哨的设计。

◎ 明白了，我会根据您的需求为您推荐一些合适的车型。另外，我们最近还有一些优惠活动，如果您现在购车，可以享受到一些额外的优惠。

◎ 哦，是吗？那你跟我详细说说吧。

对答如流

当美容顾问遇到客户时

❌ 一般的沟通

◎ 您好，请问有什么能帮您的？

◎ 我想做个面部护理。

◎ 好的，我们有多种面部护理套餐，您想选择哪一种？

◎ 你给我推荐一个吧。

✅ 高情商沟通

◎ 您好，欢迎光临我们的美容院。首先，感谢您选择我们的服务。在开始之前，我想先了解一下您的皮肤状况和需求，以便为您定制最合适的面部护理方案。您的皮肤是否有特别的问题或对什么比较敏感点？

◎ 我的皮肤有点干燥。

◎ 明白了，干燥皮肤需要更多的保湿和滋润。我们有一款深层补水保湿的面部护理套餐，非常适合您的需求。此外，我们还可以根据您的肤质为您推荐适合的日常护肤产品，让您的肌肤保持水润和光滑。

◎ 听起来不错，那就做这个套餐吧。

◎ 非常好，感谢您的选择。在整个护理过程中，如果您有任何不适或建议，请随时告诉我。我们会竭尽所能为您提供最优质的服务。祝您享受愉快的护肤体验！

当房地产销售员遇到客户时

❌ 一般的沟通

◎ 先生，您好！我们这里有一套豪华别墅，非常适合您。

◎ 哦，多少钱？

◎ 1000万元。

◎ 这么贵！我再看看吧。

◎ 可是这套别墅很不错，位置好，设计也很独特。

◎ 我再想想吧。

✅ 高情商沟通

◎ 先生，您似乎对房地产比较感兴趣，能告诉我您具体的需求吗？

◎ 我想找一套适合家庭居住的别墅。

◎ 明白了。您对地理位置、周边环境、室内布局和装修风格有什么特别的要求吗？

◎ 我希望别墅能靠近自然环境，有足够的私人空间，室内布局要合理，装修风格要简约大方。

◎ 非常好，我们这里有一套别墅完全符合您的需求。它位于风景优美的郊区，拥有宽敞的庭院和私人泳池，室内布局合理，装修风格简约大方。而且，我们现在还有优惠活动，如果您有兴趣的话，我可以带您去看看。

◎ 哦，是吗？那我倒想了解一下这套别墅的具体情况。

◎ 当然，我会为您准备详细的资料和图片，让您更全面地了解这套别墅。另外，我们还可以根据您的需求进行个性化装修设计，让您的家更加符合您的品位和风格。

当餐厅服务员遇到顾客时

⊗ 一般的沟通

◎ 您好，请问您要点什么？

◎ 给我来一份牛排。

◎ 好的，您需要搭配饮料吗？

◎ 一杯可乐。

◎ 好的，您还需要什么吗？

◎ 不用了，谢谢。

✓ 高情商沟通

◎ 您好，欢迎光临我们的餐厅！请问您有什么特别的口味偏好吗？我们有新鲜的海鲜、精选肉类以及各种蔬菜供您选择。

◎ 我今天想尝尝你们的牛排。

◎ 非常棒的选择！我们的牛排是招牌菜之一，请问您喜欢几分熟的？我们有五分熟、七分熟和全熟供您选择。

◎ 我想要七分熟的。

◎ 好的，非常感谢您的选择。另外，我们餐厅还有各种精选的配菜和酱料，您可以根据自己的口味来搭配。另外，请问您想喝点什么？我们有各种饮品，包括红酒、啤酒、果汁和咖啡等。

◎ 那就来一杯冰镇可乐吧。

◎ 好的，非常感谢您的点单，我会尽快为您准备好。另外，如果您在用餐过程中有任何需要，请随时告诉我，我们餐厅会竭诚为您提供优质的服务。

当餐厅服务员遇到有特殊情况的顾客时

⊗ 一般的沟通

◎ 您好，请问您要点什么？

◎ 我想要一份儿童餐。

◎ 我们这里没有专门的儿童餐。

◎ 哦，那算了。

✓ 高情商沟通

◎ 您好，请问您是否需要为小朋友点餐？

◎ 是的，我想要一份儿童餐。

◎ 非常理解您的需求。虽然我们的菜单上没有明确的儿童餐

对答如流

选项，但我可以为您推荐一些适合儿童的菜品，并进行适当的调整。我们也有一些可爱的餐具和小玩具，可以让孩子在用餐时更加开心。

◎ 那真是太好了！麻烦您帮我推荐一下吧。

◎ 好的，我会为您推荐一些营养丰富、口感好、易嚼的菜品，并确保食物的温度和口味适合孩子。另外，我们餐厅还提供儿童餐椅和高椅，以确保孩子能够舒适地用餐。请问您还需要为孩子准备些什么吗？

◎ 我想给他点一杯果汁。

◎ 好的，我们有各种口味的果汁供您选择。我会为您的孩子准备一杯新鲜果汁，并确保食物和饮料都及时上桌。如果您在用餐过程中有任何需要，请随时告诉我，我们餐厅会竭诚为您提供优质的服务。

当美发师遇到顾客时

✕ 一般的沟通

◎ 您好，请问您想剪个什么样的发型？

◎ 我就随便剪剪。

◎ 好的，那您想剪短一点还是留长一点？

◎ 剪短一点吧。

◎ 好的，那我给您剪个短发。

✅ **高情商沟通**

◎ 您好，欢迎来到我们的美发沙龙！首先，非常感谢您选择我们的服务。为了更好地满足您的需求，我想了解一下您对发型的期望和偏好。

◎ 我其实也不太清楚，只是想换个发型。

◎ 理解。有时候，一个小小的改变就能带来全新的感觉。您可以告诉我您平时喜欢的风格、职业需求或者任何您认为与发型有关的信息，这样我可以为您提供更加个性化的建议。

◎ 我工作比较忙，希望发型容易打理。

◎ 明白了，那您可能会喜欢一些简单而时尚的发型，比如短发或者中长发，这样既能保持造型的整洁，又能节省您打理的时间。我们有一些非常流行的短发款式，我可以为您展示一下，看看您是否喜欢。

◎ 好的，那你给我看看吧。

◎ 当然，我会根据您的脸型、发质和个人风格，为您推荐几款适合您的发型。同时，我们还可以根据您的需求进行微调，确保最终的发型完全符合您的期望。请放心，我们会竭尽全力为您提供最满意的服务。

对答如流

当健身教练遇到会员时

❌ 一般的沟通

◎ 你好，今天想练哪个部位？

◎ 我想练腿。

◎ 好的，那你去深蹲区吧。

◎ 嗯。

✅ 高情商沟通

◎ 你好，你今天看起来很有活力！能告诉我你具体的训练目标吗？这样我可以为你制定更加个性化的训练计划。

◎ 我想增强腿部力量。

◎ 非常好，增强腿部力量对于改善整体运动表现非常重要。我们可以结合深蹲、腿举等训练动作来达到你的目标。你之前做过这些训练吗？有没有什么特别的感觉或者需求？

◎ 我之前做过深蹲，但感觉膝盖有点不舒服。

◎ 哦，那我们需要特别注意一下。深蹲时，确保你的脚掌平稳地放在地上，膝盖与脚尖方向一致，避免过度弯曲。如果你感到膝盖不适，我们可以尝试一些其他的腿部训练动作，比如腿举或者腿弯曲。另外，我也会为你提供一些专业的建议和指导，确保你的训练既安全又有效。你还有其他部位需要一起训练吗？

◎ 我还想练练腹部。

◎ 非常好，腹部训练也是提高核心力量的关键。我们可以结合仰卧起坐、腹肌滚轮等动作来锻炼你的腹部肌肉。如果你有任何疑问或需要调整训练计划，随时告诉我。我会根据你的需求和目标来制定最合适的训练方案。记住，安全是首要的，质量是关键。我们一起努力，向着你的健身目标努力！

当瑜伽教练遇到学员时

❌ 一般的沟通

◎ 你好，今天想练什么？

◎ 我想放松一下。

◎ 好的，那你去垫子上做几个深呼吸吧。

◎ 嗯。

✓ 高情商沟通

◎ 你好，你今天看起来有些疲惫，瑜伽是一种很好的放松方式。你想尝试哪种瑜伽呢？我们有哈他瑜伽、热瑜伽等多种选择。

◎ 我不太清楚，哪种适合放松呢？

◎ 如果你想要深度放松，我建议你尝试一下哈他瑜伽。它注重身体和心灵的连接，通过缓慢而流畅的动作和深呼吸来达到放松的效果。另外，热瑜伽也是个不错的选择，高温环境能够帮助

对答如流

你放松肌肉，排汗排毒。

◎ 听起来不错，那我先试试哈他瑜伽吧。

◎ 非常好，我会为你详细介绍一下哈他瑜伽的基本动作和注意事项。记得在练习过程中保持专注，深呼吸，放松身心。如果你在练习中有任何疑问或不适，请随时告诉我。我们的目标是让你在瑜伽练习中找到内心的平静和力量。

三步三法，巧妙为你的销售加分

销售，不仅仅是商品和服务的交换，更是一场心与心的交流。在这场交流中，销售人员扮演着引导者和解答者的角色，而如何更巧妙地运用策略和技巧，则是决定销售成功与否的关键。其中，三步三法以其独特的魅力，为销售人员提供了有力的武器。

第一步，满怀激情与热忱

销售的旅程开始于一颗满怀激情与热忱的心。当销售人员以充满热情的态度向客户介绍产品时，他们不仅传递了产品的价值，更传递了自己对这份工作的热爱和对客户的尊重。这种热情像磁石一样吸引着客户的注意力，激发他们对产品的兴趣。

热情的销售人员会用生动的语言和形象的比喻来描述产品，使客户仿佛能够亲身体验到产品的优势和魅力。他们会时刻保持积极向上的心态，无论遇到什么样的困难和挫折，都能够迅速调整状态，继续以饱满的热情投入销售工作中。

这种热情并不是一蹴而就的，它需要销售人员在日复一日的工作中不断积累和提升。他们需要通过不断学习和了解市场动态，深入了解产品的特点和优势，从而更好地向客户展示产品的价值。同时，他们也需要学会倾听客户的需求和反馈，了解客户的真正需求，以便为客户提供更加贴心和专业的服务。

在销售过程中，热情的销售人员还会不断挑战自我，追求卓越。他们会设定明确的销售目标，不断挑战自己的销售能力和业绩，从而不断提升自己的销售技能和市场敏锐度。他们会从每一次销售中吸取经验和教训，不断总结，提升技巧，以便更好地应对未来的销售挑战。

第二步，永保热情，永不言弃

在销售的过程中，热情是持续不断的动力源泉。销售人员需要始终保持对工作的热情和对客户的关注，不断寻找和创造与客户沟通的机会。即使面对客户的冷漠和拒绝，他们也要坚定信念，保持热情不减。

持续的热情来源于对工作的热爱和对成功的渴望。销售人员需要相信自己的产品和服务能够为客户带来价值，同时，也要相信自己的能力和魅力能够赢得客户的信任，让客户满意。只有这样，他们才能在销售的道路上不断前行，永不言弃。

此外，销售人员的热情还应该表现为对市场的敏感和对竞争对手的了解。他们需要不断关注市场的变化，掌握行业的最新动态，以及竞争对手的产品和服务。只有这样，他们才能在激烈的市场竞争中保持领先地位，为客户提供更好的产品和服务。

永保热情也是销售人员与客户建立良好关系的关键。当销售人员充满热情地与客户交流时，客户会感受到他们的真诚和关注，从而更容易建立起信任关系。这种信任关系不仅有助于销售人员成功销售产品和服务，还有助于让客户成为忠实的回头客，为企业的长期发展奠定坚实的基础。

永保热情是销售人员不可或缺的品质。只有保持持续的热情，销售人员才能在工作中不断超越自我，实现个人和企业的共同成长。同时，他们的热情也会感染和影响客户，为企业赢得更多的信任和支持。

第三步，专业解答，建立信任

销售的最高境界是建立信任。当客户对销售人员和产品产生信任时，他们更愿意购买产品和服务。而建立信任的关键在于提供专业、准确的解答。

销售人员需要充分了解产品的性能、特点、优势等方面的信息，并能够根据客户的需求和疑虑，给出有针对性的解答。他们

对答如流

需要用简洁明了的语言向客户解释产品,避免使用过于复杂或专业的术语。同时,他们还需要具备良好的沟通和表达能力,能够与客户建立有效的沟通渠道,及时解决客户的问题和疑虑。

销售的最高境界并不仅仅是一个单向的售出商品的过程,它更多地是一种双向的互动和理解。销售人员不仅要理解他们的产品,还要理解他们的客户。他们需要知道客户的需求、疑虑、期望和偏好,这样他们才能提供真正符合客户期望的产品和服务。这需要销售人员具备一种敏锐的洞察力,能够从客户的言行举止中捕捉到这些关键信息,然后运用他们的专业知识和经验,为客户提供最佳的解决方案。

除了专业、准确的解答,销售人员还需要展现出真诚和热情。他们需要让客户感受到他们的关心和服务,而不仅仅是推销产品。他们需要积极倾听客户的反馈和建议,然后不断改进自己的服务,以满足客户的需求。这种真诚和热情的态度,会让客户感到被尊重和重视,从而增强他们对销售人员和产品的信任感。

最后,销售的最高境界是建立和维护一种长期关系。销售人员需要与客户建立长期的合作关系,而不仅仅是完成一次交易。他们需要与客户保持联系,了解他们的需求和变化,然后提供持续的产品和服务支持。这种长期关系的建立和维护,会让客户更加信任和依赖销售人员及产品,从而为销售人员带来更多的业务机会,也带来职业成功。

通过这三步三法，销售人员可以更加巧妙地开展销售工作，提高销售效率。他们需要用热情感染客户，用专业解答赢得客户的信任，同时也需要保持持续的热情和坚定的信念，不断前行。只有这样，他们才能在销售的道路上取得更加辉煌的成绩。

对答如流

三步为你的销售加分

第一步：满怀热情

您好，欢迎光临！我们这里有最新款的智能手机，功能强大，采用了最新的处理器。

是吗？那我倒要仔细看看。

第二步：热情不减

您平时用手机主要做什么呢？是拍照、玩游戏还是处理工作？

我主要是用来处理工作和拍照。希望手机能流畅运行办公软件，并且拍出的照片要清晰。

第三步：专业解答

那这款手机非常适合您！它不仅有强大的处理器保证流畅运行各类应用软件，还有高像素的摄像头，能拍出非常清晰的照片。

听起来不错，那我先体验一下！